别乱点鸳鸯谱

——汉语关联词的准确搭配

廖云平　邵沁媛　编著

贵州出版集团

贵州人民出版社

出版说明

　　兴趣是最好的老师,知识的学习更是如此。如果学习者缺乏兴趣,阅读就将是一个枯燥无味的过程,轻松快乐的学习也就无从谈起。基于这样的事实,本着"兴趣阅读、快乐学习"的理念,我们经过深入调研,与国内的众多专家学者及一线教师全力合作,为所有希望将学习变得轻松愉快的朋友奉献上"快乐阅读"书系。

　　"快乐阅读"书系,以知识的轻松学习为核心,强调阅读的趣味性。它力求将各种枯燥无味的知识以轻松快乐的方式呈现,让读者朋友便于理解接受。它的各种努力,只有一个目标,即力图将知识学习过程轻松化、趣味化。读者朋友在阅读过程中,既能保持心情愉快,又能学有所得。在轻松愉快的氛围中学习,让知识学习成为读者朋友的兴趣,本身就是提高学习效率最有效的途径。

　　"快乐阅读"书系首批图书分为"语文知识"、"作文知识"、"数学知识"、"文学导步"、"文学欣赏"、"语言文化"、"个人修养"七大板块,各个板块之下又有细分。英语、生物、化学等相关的知识板块将会在以后陆续推出。针对不同学科知识的特点,本书系以不同的方式来达到轻松快乐的目的。要么是以故事的形式,在故事的展开之中融入相关知识;要么是理清该知识点的背景,追根溯源,让读者朋友知其然,更知其所以然,让理解更为轻松。总而言之,就是以最恰当的方式呈现相关的知识。

　　希望这套"快乐阅读"书系能陪伴每一位读者朋友度过美好的阅读时光。

编　者

2014 年 5 月

目　录

别乱点鸳鸯谱——汉语关联词的准确搭配

开场白

在庞大、丰富多彩的汉语世界里,关联词语起着连接句子,显示句子间逻辑关系的作用,使用频率颇高,与此同时,关联词语的错用、滥用和漏用,也一直困扰着语言学习者。

在市面上,虽然有不少语法著作对关联词语的正确使用进行了大量的探讨和总结,但是大多只局限于收录和解释,很难激发语言学习者,尤其是中小学生的学习兴趣。有感于此,本书在编写的过程中,特别注重"有趣"和"有用"。具体做法是:

第一,一切从具体的语言事实出发,几乎每个章节都努力挖掘出一些生动形象的语言趣事或典故,进而导出主体内容,以充分体现"趣味性"。

第二,强调"推陈出新",尽可能地把新时期以来关联词语的最新研究成果吸收进来,淘汰了一些相对陈旧的观点或说法,以充分凸显"时代性"。

第三,在语言风格上,力求朴实、简洁、清新和流畅,对于一些重要概念、主要特点和基本规律的解释,在做到清楚、准确的同时,尽可能深入浅出,以体现"可读性"。

解释关联词语的用法,必定要举大量的例子来说明、证实。本书特别注重用例的规范性、可读性和丰富性,我们花了相当多的时间和精力,主要从现当代名家的名著中,选取一些恰当的例子,使得读者在获取知识的同时,也接受着名家名篇人文性的洗礼。

本书的内容分为六章,从不同的角度来探讨关联词语。

别乱点鸳鸯谱——汉语关联词的准确搭配

第一章带领读者探寻关联词语的奥秘,主要谈了关联词语的界定、作用、使用以及来源。使得读者对关联词语有个清晰地认识。

第二章谈比较类的关联词语,系统介绍了一些比较重要和常用的表示并列、递进和选择关系的关联词语。

第三章谈事理类的关联词语,系统介绍了一些比较重要和常用的表示承接、因果、假设、条件、转折和目的关系的关联词语。

第四章介绍一些比较容易混淆的关联词语。

第五章谈相同关联词语的不同作用。

第六章介绍常见关联词语的语病,包括搭配不当、滥用和漏用、误用、错位。

汉语关联词语这个"家族"的"成员"很多,本书限于篇幅,不能一一介绍,只介绍了一些常用的关联词语。再加上受学识水平的限制,书中肯定有不少疏漏,恳请专家和读者批评指正。

本书所提到的一些观点、规律以及所列举的语言事实,除了作者自己的研究心得,也参考了不少前辈学者和同仁们的研究成果,没有一一注明,在此一并表示感谢。

廖云平　邵沁媛

2012 年 6 月 9 日

第一章

说 说 关 联 词

一 汉语离不开关联词

寓言是文学作品的一种体裁,它常常以比喻性的故事寄寓意味深长的道理。反映劳动人民健康、朴实的思想,闪耀着人们无穷的智慧和高尚的道德光芒,为人们所喜闻乐见。

我们来看看寓言故事《乌鸦的理想》:

乌鸦总是羡慕翱翔苍穹的山鹰,自己总是被人们厌弃、唾骂,视为不祥的预兆。乌鸦做梦都想变得像山鹰那样强壮、矫健。成为别人艳羡的明星。似乎这样的希望在自己的身上是很难实现的!

实现自己的梦想,乌鸦决定在下一代身上狠下功夫,它设想把自己的孩子培养成才。最初,乌鸦学着山鹰孵卵的方法,精心地孵化着乌鸦蛋,孵出来的仍然是又小又黑的乌鸦。

乌　鸦

别乱点鸳鸯谱——汉语关联词的准确搭配

乌鸦总结出以前失败的原因,那就是自己身为乌鸦,影响到了乌鸦蛋孵化的过程,它又想出了一个新的办法,高薪聘请山鹰为自己孵卵,山鹰当然很乐意了,很爽快地答应了乌鸦的邀请。

乌鸦将自己的蛋放到山鹰的窝里,这回该安心了吧?

孩子们都顺利的诞生了,乌鸦迫不及待地去看它像山鹰般具有雄健体魄的孩子,万万没有想到站在自己面前的依然是一群黑黑的乌鸦……

其实,有梦想原本是一件好事,不着边际的梦想往往到头来变成了空想!常言道:"龙生龙,凤生凤,老鼠生来会打洞",乌鸦能认识到自己的缺点,战胜自己的弱点,成为不了山鹰,做乌鸦一样有别人身上没有的优点!何苦瞎折腾呢?

读过这则寓言,我们会发现整则寓言不是很好理解,虽然这则寓言的每一个句子本身的意思是清楚的,那为什么呢?原因就在于这些分句之间的联系表达得不清楚。如果加上一些表示句子间关系的词语,情况就不同了:

乌鸦总是羡慕翱翔苍穹的山鹰,因为自己总是被人们厌弃、唾骂,视为不祥的预兆。乌鸦做梦都想变得像山鹰那样强壮、矫健。成为别人艳羡的明星。但似乎这样的希望在自己的身上是很难实现的!

为了实现自己的梦想,乌鸦决定在下一代身上狠下功夫,它设想把自己的孩子培养成才。最初,乌鸦学着山鹰孵卵的方法,精心地孵化着乌鸦蛋,可是孵出来的仍然是又小又黑的乌鸦。

乌鸦总结出以前失败的原因,那就是自己身为乌鸦,所以影响到了乌鸦蛋孵化的过程,于是它又想出了一个新的办法,高薪聘请山鹰为自己孵卵,山鹰当然很乐意了,很爽快地答应了乌鸦的邀请。

乌鸦将自己的蛋放到山鹰的窝里,这回该安心了吧?

孩子们都顺利的诞生了,乌鸦迫不及待地去看它像山鹰般具有雄健体魄的孩子,可万万没有想到站在自己面前的依然是一群黑黑的乌鸦……

其实,有梦想原本是一件好事,可不着边际的梦想往往到头来变成了空想!常言道:"龙生龙,凤生凤,老鼠生来会打洞",乌鸦如果能认识到自己的缺点,战胜自己的弱点,即使成为不了山鹰,做乌鸦也一样有别人身上没有的优点!何苦瞎折腾呢?

在原来的这则寓言中加了几个词语,每个句子本身的意思并没有改变,但是句子之间结构上的联系紧密了,关系清楚了,层次脉络清晰了,整则寓言的意思也更明白畅通了。这是因为加上去的词语表明了句子间的结构关系,在句子之间起了关联作用。

像"因为"、"但"、"为了"、"可是"、"于是"、"所以"、"即使……也……"这类显示句子间结构关系,在句子的组合中起关联作用的词语,我们把它们叫做关联词语。

二　连词、介词、副词、关联词是一家子吗?

提起词类,我们很自然地会想到像名词、动词、形容词这样的"人丁兴旺"的大家族,也会想到连词、副词、介词这些颇具特色的"配角演员"。关联词和这些词是一家子吗?

我们知道,在语法上,区分词类最有效的方法是它们的语法功能,即它们可以跟哪些词组合,不能跟哪些词组合。组合能力首先指一个词能否与其他词组合成短语,如果可以组合,以什么顺序组合,组合以后表示什么关系。比如"快乐"和"阅读",可以组合成"快乐阅读",表示一种状中关系,也可以组合成"阅读快乐",表示一种主谓关系。

组合能力也包括作句法成分的能力。所谓做句法成分的能力是指在句法结构中出现的位置,即能否作主语、谓语、宾语、定语、状语和补语这六大成分中的一个或几个,如果能够作句法成分,还要看经常作什么成分,不能作什么成分。例如:

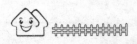

山里的桃花开了吗？

在这个句子中，"桃花"是主语，"开"是谓语，"山里"是定语，它们都能作句法成分。"的"、"了"和"吗"都不是句法成分，在其他句子中也不能作句法成分。在能否作句法成分这一点上，"山里"、"的"、"桃花"、"开"、"了"、"吗"表现出明显的差别。同样是作句法成分，但经常作什么成分，也不一样。如名词"山里"和"桃花"经常作主语和宾语，很少作谓语，不能作补语；动词"开"则经常作谓语和补语，很少作主语和宾语。

而关联词语的情况则不一样，一般来讲，关联词在句子中不跟其他词组合，也很少充当句法成分。关联词语在句子里更多的是起到连接分句以及显示分句间逻辑关系的作用。例如：

母亲同情贫苦的人——这是朴素的阶级意识，虽然自己不富裕，还周济和照顾比自己更穷的亲戚。（朱德《回忆我的母亲》）

在这个句子中，"虽然"和"还"既没有和其他词组合，也没有充当句法成分，只是连接了前后两个分句，显示前后分句之间是一种转折的关系。

可见，关联词语和连词、介词、副词不是"一家子"，它不是与连词、介词、副词并列的词类。

但是，关联词语和连词、介词、副词却存在着千丝万缕的联系，连词、介词、副词，还有判断动词是关联词语最重要的来源。例如：

①这是物质条件不好，不是我们不愿意卫生。（孙犁《山地回忆》）
②我们向沙漠进军，不但保护了农田，开辟了绿洲，而且对交通线路也起了防护作用。（竺可桢《向沙漠进军》）
③这里是佛国，全岛周围三十里内，除了七八家店铺以外，全是寺

院。(鲁彦《听潮》)

④他数理化成绩很好,语文成绩更好。

这几个句子中,例①中"是"是一个判断动词,与"不是"合用构成"是……不是……"的格式,表示肯定否定的对举并列关系。例②中"不但"、"而且"都是连词,配对构成"不但……而且……"格式,这是最常见的表示递进关系的典型格式。例③中"除了"是一个表条件关系的介词,表示排除某一种情况。例④"更"是一个程度副词,有程度上进一步加深的意味,在句中表示递进关系。

从以上几个例子我们可以看出,关联词语主要来源于连词、介词、副词,还有判断动词,那么关联词语是这几类词的总称吗? 所有的连词、介词、副词、判断动词都能作关联词语吗? 下面我们简要地谈谈关联词语与连词、介词、副词、判断动词的关系。

1.关联词语与连词

常用的关联词语大多是连词,例如:

①女生干部将分头到那几个或者是因为胆小,或者是出于赌气,宣布明天不来上学的女生家去,对她们和她们的家长讲清楚,学校一定会保证女孩子们不受宋宝琦欺侮。(刘心武《班主任》)

②哥白尼发表了地动学说,不但带来了天文学上的革命,而且开辟了各学科向前迈进的新时代。(竺可桢《哥白尼》)

③虽然天山这时并不是春天,但是有哪一个春天的花园能比得过这时繁花无边的天山呢? (碧野《天山景物记》)

④在中国本土上的中国学者,能拿到诺贝尔奖又是什么时候呢? 这个问题比较复杂。因为里面有一个很重要的问题是经

哥白尼画像

别乱点鸳鸯谱——汉语关联词的准确搭配

费的限制,今天中国的科研经费比起 20 年以前已经有大大的增长,比起 50 年前更是天文数字的增长,可是比起先进国家还是差很远。这是第一个困难原因。第二个困难是,学术需要有传统,这传统不是一天两天、一年两年甚至 10 年 20 年可以建立起来的。因为这些困难,所以到今天还没有一个在中国本土上的学者得到诺贝尔的科学奖。(杨振宁《世纪之交的科学随想》)

⑤词汇联系人们的生活最为紧密,因而变化也最快,最显著。(吕叔湘《语言的演变》)

在这几个例子中,"或者……或者……"、"不但……而且……"、"虽然……但是……"、"因为……所以……"、"因而"这几个连词,它们在句中连接两个或两个以上的分句,又显示了分句间的逻辑关系,起关联词语的作用十分明显。

还有一些连词,比如"和、跟、与、以及"等,它们只能连接词或词组构成联合词组,不能作为关联词语。例如:

①喜洋洋和灰太狼的故事,小朋友们都耳熟能详。
②姚明、林丹以及刘翔,都是体育明星。

可见,并不是所有的连词都是关联词语。一个词能不能在句子中充当关联词语,应该至少满足两个条件:一是结构上能连接两个或两个以上的分句,而不充当分句内部的结构成分;二是语义上能显示分句之间的逻辑关系。

2. 关联词语与介词

介词是虚词的一种,它一般位于名词、代词等词之前,与这些词语构成介词短语。在句子中主要充当状语或定语,介词在句中的主要作用是引出跟动作行为、性质有关的时间、处所、方式、范围、对象、目的、原因、条件等。例如:

①从北京来的张教授被请到了报告厅。

②当遇到困难的时候，你一定不要泄气。

一般来讲，表示处所、时间、对象、范围、手段或比较的介词，不作关联词语。比如例①介词"从"和名词"北京"以及动词"来"构成一个介词短语，在句子中作定语。例②中，介词"当"、动词"遇到"、名词"困难"和"时候"以及助词"的"构成介词短语，在句中作状语。这两个介词都不是关联词语。

而有些表示目的、原因、条件的介词，比如"为了、由于、因为、除了"，能够用作连词，还能显示分句之间的结构关系，可以看做是关联词语。

③由于陈颖这个学期进步很快，老师表扬了她。

④小芳除了数学考得不理想，其他各科的成绩都是比较好的。

例③中"由于"连接了两个分句，表明了前后分句之间是因果的关系，因而是关联词语。例④中"除了"也是关联词语，连接的分句之间是条件关系。

3. 关联词语与副词

副词常常修饰、限定动词、形容词性词语，说明动作行为或性质状态等涉及的范围、时间、程度、情态以及肯定或否定的情况。有时也可以用来表示两种动作行为或性质状态之间的关系。

一般来讲，副词不能充当关联词语，但是有些副词本身的意义和用法决定它可以在分句间起关联作用，经常充当关联词语。例如：

①山村农民一辈子也难得见到一个读书人，更无法想象一个能识文断字的女人。（余秋雨《老屋窗口》）

②我赞美白杨树，就因为它不但象征了北方的农民，尤其象征了今

天我们民族解放斗争中所不可缺的朴质、坚强、力求上进的精神。（茅盾《白杨礼赞》）

白杨树象征了质朴、坚强的精神

③过铁道时,他先将橘子散放在地上,自己慢慢爬下,再抱起橘子走。（朱自清《背景》）

④他没来参加会议,也许是工作忙走不开,也许是身体不好。

例①和例②中的"更"和"尤其",有程度进一步加深的意味,在分句间起表示递进关系的关联作用。例③中的时间副词"先……后……"本身有连续、连贯的意味,可以关联几个有连贯关系的分句,因而能充当关联词语。例④中"也许"是语气副词,本身有表示选择的意味,可以关联有选择关系的分句,因而也能充当关联词语。

此外,有些副词常常与连词配对使用,具有更为明显的关联作用。例如:

⑤这不但是乱说,简直是胡说。（程度副词）

⑥只要这样坚持下去,就一定能出成绩。（时间副词）

⑦只有和儿子谈话他才不自觉地笑。儿子是他的避风港。（池莉

《烦恼人生》)（时间副词）

4.关联词语与判断动词

判断动词"是"与其他连词、副词配合，可作关联词语，表示句间的选择关系。例如：

①这位同学是南京人，不是北京人。
②不知是大佛感动了人，还是人心感动了佛？（许墨林《大佛的沉思》）

例①中，判断动词"是"用在前面的分句，表示肯定，"不是"用在后面的分句，表示否定，前后分句构成并列关系。例②中，"是"与"还是"合用，显示前后分句之间是一种表示选择的逻辑关系。

除了连词、介词、副词和判断动词外，一些短语也能充当关联词语。例如：

①我之所以如此，或许是因为某种力量在鞭策着我——正如蚕被鞭策着去结它的茧子一般。（玛丽·居里《我的信念》）
②秀长的眉眼，细白的面皮，要不是挂着哀思和泪痕的话，她一定会给人留下一种特别温柔和恬静的印象。（李存葆《高山下的花环》）
③道静也高兴起来。但她的高兴与其说是因为斗争的胜利，还不如说是因为看见他们平安回来了，更合适。（杨沫《青春之歌》）

例①短语"之所以"用在前行分句，表示某种行为，短语"是因为"用在后续分句，引出发生这种行为的原因。前后分句表示一种因果关系。例②短语"要不是"和助词"的话"配搭构成"要不是……的话"格式，表示假设关系。例③短语"与其说"和"还不如说"配合使用表示一种选择关系，是对客观情况的判断和取舍。

三　万能黏合——关联词活用

人类生活在一个语言的世界里,人与人之间的联系主要靠语言来维持。我们每天都在说话,每天都在使用语言。没有语言,人与人之间的联系就可能会中断,社会就会解体。可以说,语言是组成社会的一个不可或缺的因素。

在庞大、丰富多彩的语言世界里,句子是交流思想的基本表述单位,我们说话,总是一句一句地说,是因为只有句子才能表达一个相对完整的意思。

句子首先可以分为单句和复句。单句,是由短语或单个的词构成的句子,不可再分析出分句的句子;复句跟单句相对,是由两个或两个以上在意义上密切相关,结构上互不包含的分句所构成的语言单位。

一般来说,单句只表达一个简单的命题,而复句可以表达复杂的命题。复句里各分句之间,常常用关联词语来连接。比如:

①电视剧《喜羊羊与灰太狼》以羊和狼两大族群间妙趣横生的争斗为主线,剧情轻松诙谐,情节爆笑。在剧中,虽然灰太狼的阴谋诡计不断,但是最后还是自讨苦吃,落得一个失败的下场。

②他唱了一支歌,接着说了一个笑话。

③小玉不但字写得漂亮,而且画儿也画得出色。

可见,关联词语一个重要作用就是将两个或两个以上的分句连接起来,从这个意义上讲,关联词语就像是分句和分句的"万能黏合剂"。使整个句子关系清楚,脉络清晰。

此外,关联词语还能起到显示分句间结构关系的作用。一般来说,不同的关联词语表示不同的结构关系,分句间不同的结构关系要用不同的关联词语来表示。

试比较下列组句子：

①a. 天下雨，春游计划取消。

　b. 因为天下雨，所以春游计划取消。

　c. 如果天下雨，春游计划就取消。

　d. 只有天下雨，春游计划才取消。

在这几个句子里，a 句没有关联词语，靠分句间的语序来表示连贯关系，即"天下雨了，春游计划随着取消了"；b 句用关联词语"因为……所以"表示前后分句之间是因果关系；c 句用关联词语"如果……就"表示前后分句之间是假设关系；d 句用关联词语"只有……才"显示前后分句之间是条件关系。

②a. 天下雨，春游计划照常进行。

　b. 虽然天下雨，但是春游计划照常进行。

　c. 即使天下雨，春游计划也照常进行。

这组句子中，a 句没有用关联词语，表示"天下雨了，春游计划也照常进行"。b 句用关联词语"虽然……但是"表示前后分句之间是让步关系，c 句使用关联词语"即使……也"显示前后分句是假设关系。

可见，关联词语还是分句之间逻辑关系的标志，它能把分句间的逻辑关系明确的揭示出来。

演讲学里有这么一个故事：

一次，会议已经开得很晚了，大家都盼着会议赶快结束，最后一个报告人上台的第一句话就是："今天的报告，我还要讲三个小时——"大家一愣，那人故意顿了顿，不慌不忙地接着说："那么，大家肯定是不欢迎的。所以我准备只讲三分钟。"下面顿时响起一阵热烈的掌声。

这个报告人不但很了解听众的心理,而且也很善于运用语言手段,他的话用了一个假设复句,再接着一个因果复句,其中单用的关联词语"那么"用得特别精彩。

关联词语的使用方式主要包括单用、对用、连用、套用等几种。

1. 关联词语的单用

关联词语常常单独使用,表示某种结构关系。例如:

①现在大家仍然怀念雷锋,可见他的精神感人之深。

②我到了自家的房外,我的母亲早已迎着出来了,接着便飞出了八岁的侄儿宏儿。(鲁迅《故乡》)

③如果讨论的是一个亚洲学生,他的教育是从亚洲开始的,那么就需要多鼓励他去挑战权威,以免他太胆怯。(杨振宁《世纪之交的科学随想》)

例①的"可见"表示由果推因的推论因果关系;例②的"接着"用于后续分句,表示动作行为或情况的接连发生,显示前后分句之间是一种承接关系;例③的"以免"是一个表示目的关系的关联词语,常常单用,引出可以避免的某种不希望出现的情况。

2. 关联词语的对用

有些关联词语经常配合成对使用,形成固定的搭配格式,往往不能随意更换。对用的关联词语占了总量的大多数。例如:

①他们说,在家靠父母,出外靠朋友。这种说法既表明了朋友的重要,又表明了朋友的价值在于被依靠。(余秋雨《关于友情》)

②天星桥的美就美在你突然发现世界上的风景还有这样一种美。只要你一走进这个景区,就一步一吃惊,一步一回头,你总要问:"这是真的吗?"一般的"真像"、"真美"之类的词在这里已经苍白无力。(梁衡《桥那边有个美丽的地方》)

③无论是什么季节，什么天气，什么时间，我都在这园子里呆过。有时候呆一会儿就回家，有时候就呆到满地上都亮起月光。（史铁生《我与地坛》）

在这几个句子中，例①对用的关联词语"既……又……"，"既"表示一种既成事实，"又"表示另一方面同样存在，分句之间是并列关系。例②对用的关联词语"只要……就……"，"只要"表示具备某种条件，"就"表示肯定产生某种结果，二者构成条件关系。例③对用的关联词语"无论……都……"，表示条件关系，即表明在任何条件下结果或结论都一样。

3. 关联词语的连用

在复句中，关联词语可以在并列的几个分句中连续使用，以加强语势。例如：

①读书钻研学问，当然得下苦功夫。为应考试、为写论文、为求学位，大概都得苦读。（杨绛《读书苦乐》）

②夸张，这不仅是手法，不仅是写作技巧，更是劳动人民理想和想象力的体现。

③尽管爱因斯坦第一次考大学没被录取，尽管高尔基、富兰克林、法拉第、梅兰芳、齐白石、聂耳没有上过大学，但不妨碍他们干出令人敬慕的大业。

例①连续使用三个"为"，强调目的多样性，加强了语势。例②的两个"不仅"表示它们引导的两个分句之间是并列关系，这两个分句与后面的一个分句又是递进关系，连用"不仅"为下文蓄势，增强了下一分句的递进意味。例③连用"尽管"确认了不同类型的事实强烈地预示后续分句的转折，加强了后续分句的语势。

4. 关联词语的套用

在复句中,两个或两个以上的关联词语,各自管辖不同层次的分句,形成包含和被包含的关系,这种现象叫关联词语的套用。

按发生套用关系的关联词语所表逻辑关系的类型是否相同,关联词语的套用可分为同类套用和异类套用两种。例如:

①因为他脾气古怪、性格多疑,所以大家对他都敬而远之,因此他几乎没什么朋友。

②虽然我们今年取得了很大成绩,但是如果因为有了这些成绩,就认为差不多了,并且松了一口气,那就成问题了。

例①中,表示因果关系的"因为……所以……"和"因此"同类套用。例②中表示转折关系的"虽然……但是……"套用了表示假设关系的"如果……那就……",表示因果关系的"因为"和表示递进关系的"并且",属于异类套用。

第二章

关联词亮相（上）
——比较类关联词

人们在看待两个现象、事件时必然会进行比较，并且会得出一个结论，或者是"平等"，或者是"轻重"的关系。如果是平等关系，前后实际上是无序的，可以互换位置；如果是前后关系或轻重关系，则一般情况下不可以换位。

并列关系、选择关系、递进关系是通过比较得出的，是比较的结果。我们把这几类逻辑关系合称为"比较关系"。

一 关系平等，不分主次——并列关联词

汉语是多方言的语言，通常可以分为七大方言区，七大方言区之下的方言片、方言小片和方言点则不计其数，俗话说"十里不同音，百里不同俗"，反映的就是这种现象。与普通话相比，各个方言在声母、韵母、声调等方面都各有特点，由此引发的有趣的语言故事也层出不穷。

一位来自云南的老师到上海去出差，有一天他到理发馆去理发，一进理发馆，他发现所有的顾客都是女宾，不由踌躇起来，不禁嘟哝了一句："怎么全是女的？"他说这句话是希望了解这家理发馆是否能为他这

位男宾服务,但一位正在收银的理发师却给出了一句意料不到的回答:"啊?不,这钱不是我的。"这位老师又道:"不是钱是你的,而是全是女的。"众人哄堂大笑……

原来,云南官话除了声调有别于普通话以外,最显著的特点是没有ü元音,当地人把ü都说成i,"全是女的"就成了"钱是你的"。于是,说"是全是女的,不是钱是你的"就闹笑话了。

"不是钱是你的,而是全是女的",这个句子从语言学角度分析,是一个表示并列关系的复句。

所谓"并列关系",是指两个或两个以上的词语、词组或者分句,分别说出几件事情,或者陈述一件事情的几个方面,或者对比说明几件事物,它们之间的关系是平行或者相对的。表示并列关系的关联词语包括以下几类:

(一)表示并存关系

并存表示同时存在的相关的性质、状态或动作。常用的关联词语有:

1. 既……又(也)……

表示某一事物同时发生两个动作、处于两种状态或具有两种属性。"既"用于前行分句,表示一种既成事实,"又(也)"用在后面分句,表示另一方面同时存在。例如:

①亏得这三年教书,他既不参加繁重的体力劳动,又有时间继续学习,对他喜爱的文科深入钻研。(路遥《人生》)

②这种表演,粗陋之极,也自由之极。既会让现代戏剧家嘲笑,也会让现代戏剧家惊讶。(余秋雨《贵池傩》)

③看见过质量上乘的足球场吗?那绿草构成一袭地毯,任足球健儿在其上驰骋竞争,青春的心草,当如那绿茵场般既美丽又齐整,既柔软又

坚韧。(刘心武《心上的草》)

2. 既不……又(也)不

表示对事物从两方面加以否定。例如：

①另一个比较俗的办法是粘贴友情。既不拉帮结派,也不故作淡雅,而是大幅度降低朋友的标准,扩大友情的范围,一团和气,广种博收。(余秋雨《关于友情》)

②高加林决定今天要把他和巧珍的关系解脱。他既不愿意回高家村完结此事,也不愿意在机关。他估计巧珍会痛不欲生,当场闹得他下不了台。(路遥《人生》)

③乙菜各班都用烧瓷大脚盆盛着,海海漫漫的,显然大部分人都吃这种既不奢侈也不寒酸的菜。(路遥《平凡的世界》)

3. 又(又是)……又(又是)……

表示两个动作或两种性质、情况等并存。例如：

①方鸿渐听了,又害羞,又得意。(钱钟书《围城》)

②父亲变得像残疾儿小油菜花一样乖顺,每天都很卖力地喝那些又苦又涩的汤药,喝得面色苍黄,两眼发绿。(王伶《天堂河》)

③他又是扳我的肩膀,又是捶我的胸。(王宗仁《夜明星》)

④志祥很快把县上的两位领导带到公社的客房里,又是倒茶,又是递烟,还拿着铁钳子把炉子里的火捅得轰隆隆价响。(路遥《平凡的世界》)

《围城》书影

别乱点鸳鸯谱——汉语关联词的准确搭配

有时,可以多个又(又是)连用,表示多个动作或多种性质、情况等并存。例如:

⑤上午他叫小阮、小冯两个年轻人,又是和泥,又是搭墩,又是拣漏,又是粉墙,整整一天忙得不亦乐乎。(曹玉林《祠堂里的学校》)

4. 也……也……
表示两个动作或两种状态同时存在。一般用在前后分句的动词性词语前。

①朝也等,暮也等,等了漫长的二十年。(袁鹰《井冈翠竹》)
②他躲在寓里弄文学,也创作,也翻译。(鲁迅《为了忘却的记忆》)
③听说你病了啦,饭也吃不下,觉也睡不好。(陈建功《丹凤眼》)

5. 同时
表示某一事物还有另一动作行为发生,或另一种情况存在;或者表示前后两个事物或动作、两种情况,一并存在。"同时"后面可以有停顿。例如:

①在家里,我比姐姐受宠得多,同时也比她心眼多得多。(周国平《乖孩子的劣迹》)

②老两口见儿子回来,两张核桃皮皱脸立刻笑得像两朵花。他们显然庆幸儿子赶在大雨之前进了家门。同时,在他们看来,亲爱的儿子走了不是五天,而是五年;像是从什么天涯海角归来似的。(路遥《人生》)

③无疑,铁路给鄂尔多斯地台南缘这片荒僻的土地带来了无限生机。同时,也带来了成千上万操各种口音的外地公民。(路遥《平凡的世界》)

6.同样

表示前后所说的情况或道理相同或相似,一般连接句子或分句。"同样"后面往往可以停顿。例如:

①学科学技术的需要懂一点文史知识,同样,学文史的也应该懂一些科技知识。

②一块骨头化石能告诉我们一个灭绝了的世界的历史,同样,词语的遗迹也能向我们揭示古代社会的斗争和那些早已消逝了的观念和知识。

③乡村老师由于条件差、消息闭塞等原因,与条件比较好的城里学校老师相比,各方面存在一定差距,通过学习、观摩,可以使他们开阔眼界,积累知识,迅速提高业务水平。同样,城市老师也能在交流过程中了解乡村,增长社会知识,发扬艰苦奋斗精神。

7.又

单独用于词、词组、分句之间,表示同一事物的两个特点或性质同时存在,或两个事实、两种情况同时存在。例如:

①他记得在他小时候老人们受的苦,又想到他以后一直没有在他们身边,也不由得失声痛哭起来。加林皱着眉头在一边看他们哭。(路遥《人生》)

②庄稼大部分刚锄过二遍,又因为不久前下了大雨,因此地里没有显出旱象,湿润润,水淋淋,绿蓁蓁,看了真叫人愉快和舒坦。(路遥《人生》)

③小时候,我才从秦岭来到渭北大平原,最喜欢骑上自行车在路上无拘无束地奔驰。庄稼收割了,又没有多少行人,空旷的原野上稀落着一些树丛和矮矮的屋。(贾平凹《地平线》)

别乱点鸳鸯谱——汉语关联词的准确搭配

8. 也

表示前后所说的几件事或几种情况有相同之处。例如：

①自从离开四川以后，不再容易看见那样多类型的鸟的跳荡，也不再容易听到那样悦耳的鸟鸣。（梁实秋《悲鸟》）

②疲倦是可以战胜的，法宝就是珍爱我们自己；疲倦是可以化险为夷的，战术就是宁静致远。疲倦考验着我们，折磨着我们，也锤炼着我们，升华着我们。（毕淑敏《疲倦》）

③对高加林来说，他做出这个决定，是对他所憎恨的农村旧道德观念和庸俗舆论的挑战，也是对傲气十足的"二能人"的报复和打击。（路遥《人生》）

9. 另外

表示一事物之外还有另一事物，或者表示动作、行为以及别的对象在原有范围以外。"另外"后面多有停顿，用逗号隔开。例如：

①他很快想到，他得去看看金俊武，要对二队队长表示他的慰问。另外，他还得去见见书记田福堂，向他解释一下自己晚归的原因。（路遥《平凡的世界》）

②金强在村里年轻一代匠人中，石活水平是最高的。另外，又是为妻子的大爹干活，因此特别经心。（路遥《平凡的世界》）

③在以后紧接着的日子里，矿上先组织新工人集中学习，由矿上和区队的工程师、技术员，分别讲井下的生产和安全常识。另外，工会还来人全面介绍这个矿的情况。（路遥《平凡的世界》）

10. 此外

一般用在后续分句的开头，表示除了上面所说的事物或情况之外，还有别的或没有别的，相当于"除此以外"。例如：

①每天晚饭后,他们两口子出门散步一个小时零十分钟,此外,再不见他们出房间。(王蒙《悠悠寸草心》)

②这个图书馆藏书十多万册,此外还有不少报纸和期刊。

(二)表示并行关系

并行表示两个或多个动作同时发生。常用的关联词语有:

1.一边……一边……

表示两个动作同时进行,这两个动作一般是同一个主语发出的。例如:

①高加林一边听她说,一边感到自己的眼睛潮湿起来,他虽然是个心很硬的人,但已经被巧珍的感情深深感动了。(路遥《人生》)

②这蘑菇越捡越多,老李头也格外高兴。他叫我一边捡,一边看着蘑菇堆,自己到山下把牛车赶来,不到半天时间,这一个蘑菇圈,竟整整地捡了三牛车鲜蘑,晒了满满的一当院。(刘芳《坝上采蘑》)

有时,"一边……一边……"还可以叠用,表示多个动作交替进行。例如:

③只有田二例外,"半脑壳"今天不捡别的,光捡枣子。他一边捡,一边吃,一边嘿嘿笑着,还没忘记嘟囔说:"世道要变了……"(路遥《平凡的世界》)

2.边……边……

表示同一主语同时发出两种或两种以上不同的动作行为。所连接的一般是两个单音节动词或者两个双音节动词。例如:

①于是他们边走边谈,一谈就十分相契,竟像两个多年不见的亲朋密友似的。(古华《芙蓉镇》)

芙蓉镇

②他就这样边思索边劳动,一气干了三个多小时。(王愿坚《普通劳动者》)

有时,"边……边……"所连接的两项,也可以是音节数量不相同的词。例如:

③看着姥姥走路的那副样子,我忍不住喊:"鸭子、鸭子快快走,跑悠跑悠上高楼。高楼有个松树塔,一咬一半拉。"这话可把她气坏了,她边追边喘着,喊着:"骂姥姥,天打五雷轰!"(迟子建《北极村童话》)

"边……边……"所连接的两项,有时还也可以是动词短语。例如:

④父亲没吱声,只拿起身边的扫帚,边一层层地扫着楼梯上丢掉的烟头、纸屑、菜叶,边哼起他惯唱的京剧。(安宁《轻放》)

3. 一面……一面……

表示两个动作同时进行。一般连接动词或动词性词组。例如：

①朋友一面把饼干丢到空中，一面说："从前到夏天快结束时，大雁就准备南飞了，它们会在南方避寒，一直到隔年的春天才飞回来，不过，这里的大雁早就不南飞了。"（林清玄《不南飞的大雁》）

②出门时发现，搁在楼道里的那辆新自行车不翼而飞了。两年之中，这已是第三辆。我一面为世风摇头，一面又感到内心比前两次失窃时要平静得多。（周国平《习惯于失去》）

③坝上坝下到处是人，汽车、推土机在匆忙地奔跑……将军一面走，一面四下里看着，他被这劳动的场景深深地激动了。（王愿坚《普通劳动者》）

④印家厚一迭声叫"雷雷"。一面点着煤油炉煮牛奶，一面抽空给儿子的屁股一巴掌。（池莉《烦恼人生》）

4. 一方面……一方面……

连接短语或分句，表示同一事物的两个方面或者两个相互关联的事物的并存。例如：

①我走进了一家杂货店，一方面是休息，一方面买了他们很多枣子，是打算送给刘二妈家里煮稀饭吃的。（丁玲《我在霞村的时候》）

②随着社会主义市场经济的发展、产业结构的调整、新兴产业的勃起、企业机构的转换，一方面上海紧缺人才，一方面又有大批人员"待岗"。

③市建委根据市委部署承担了搬迁工程的主要工作，一方面投巨资建新楼，一方面做过细的工作，挨家挨户了解情况，帮助工厂、商店解决新厂房和新的营业地点，做到了所有搬迁户家家满意，人人高兴。

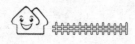
5. 一边……一面……

表示两个以上的动作同时进行,一般连接动词或动词性短语。例如:

①胖嫂子一边照料着猪子,一面偷眼看我。(石言《漆黑的羽毛》)

(三)表示并举关系

并举表示列举并存的情况。常见的关联词语有:

1. 一方面……另一方面……

表示同一事物的两个方面或者两个相关联事物并存。"另"承接上文,强调并列的后一项在前项的对象或范围以外。例如:

①人到成年,嘤嘤求偶,这时节不但自己着急,家长更是担心,可是所谓的代沟出现了,一方面说这是我的事,你少管,另一方面说这是传宗接代的大事如何不能过问。(梁实秋《代沟》)

②人生就因此复杂起来。一方面是有了肠胃而要饭食去充实的人,另一方面是有饭而要胃口来吃人的人。(钱钟书《吃饭》)

③他一方面迷信"哥们儿义气",心甘情愿地替大流氓当"炊拨儿",另一方面,又把扇比他更小的流氓耳光当作最大的乐趣。(刘心武《班主任》)

2. 一来……二来……

连接分句,用于依次列举某事物的原因或做某事的目的。例如:

①乔伯年到职后,省委办公厅把他的家安排在已调到中央的原省委书记住的地方——那里条件自然要好得多。但他就看上了这地方,一来这地方闲置着,二来有个大院落,他还能在其间营务点什么庄稼。(路

遥《平凡的世界》）

②孔子说，"无友不如己者"。我想一来只是指品学而言，二来只是说不要结交比自己坏的，并没有说一定要我们去高攀。（梁实秋《谈友谊》）

③我业余种点花，一来为了调剂生活，二来可以美化环境。

3. 一是……二是……

表示并列关系，用来列举原因或做某事的目的等。例如：

①老汉很欢迎这位客人，一是因为两人能说在一起，二是他来常给他带一包好旱烟——这是他最喜欢的礼物。（路遥《平凡的世界》）

②所谓平整，一是铜丝跟涂上的色料一样高低，二是色料本身也不许有一点儿高高洼洼。（叶圣陶《景泰蓝的制作》）

③我们的生活好像就是以这两个部分组成的：一是生活给人看；二是看别人生活。我们同情别人生活不幸而自觉幸福，我们评价着别人的是非长短而深觉自己又高尚又美好。（王安忆《关于幸福》）

4. 一则……二则（再则）……

表示依次列举原因或做某事的目的等。多用于书面语。例如：

①我考虑了一下，决定谢绝坐轿。一则不好意思妨碍他们的采茶工作，二则设想四个人抬我一个人上山，我心情的不安一定比不行的疲劳痛苦得多。（丰子恺《上天都》）

②他并没有伤害她的心思，他这样说，无非一则试探她的心，二则报复她的冷淡。（巴金《家》）

③在那时，也有这样的青年：听他的议论，头头是道，看他行事，世故深通，一则曰"这是应付环境"，再则曰"为了生活，不得不然"，真人面前说假话，放一个屁也要解释一番道理来。（茅盾《一点回忆和感想》）

5.一者……二者……

表示依次列举原因或做某事的目的等。多用于书面语。例如：

①学问与书事的关系有两种：一者好学兼好书，二者好书而不好学。

②有些长期患病的人认为自己"久病成良医"，自己选定一二种药物长期服用，不去医院复查，却不知这样不妥，一者自选的药未必对症，二者即使对症，有时病已痊愈，不必服药了，再继续服下去，反而对身体不好。

（四）表示交替关系

交替表示动作交替反复发生。常见的关联词语有：

1.有时（有时候）……有时（有时候）……

表示不同的现象在一定时间内交替发生。连接词、词组或分句。例如：

①人生啊，是这样不可预测。没有永恒的痛苦，没有永恒的幸福。生活像流水一般，有时那么平展，有时曲折。（路遥《平凡的世界》）

②细听小贩的呼声，则有时直譬，有时隐喻，有时竟像哑谜一般的耐人寻味。而且他们的吆喝声，数十年如一日，不曾有过改变。（梁实秋《北平的零食小贩》）

③有时候，也许你只需为病人擦一点红药水，开几粒阿司匹林；有时候，你必为病人切开肌肤，拉开肋骨，拨开肺叶，将手术刀深入一颗深藏在胸腔中的鲜红心脏；有时候，你甚至必须忍受眼看血癌吞噬一个稚嫩无辜的孩童而束手无策的裂心之痛！（张晓风《念你们的名字》）

④有时候是光说前半句，要你猜后半句；有时候是说后半句，要你想前半句。一段话中若是破碎的句子太多，在听的方面不加整理是难于理解的。（梁实秋《谈话的艺术》）

2. 有的……有的……

表示不同的现象或事物同时出现。一般连接词组和分句。例如：

①天星桥景区的前半部是石在水中。浅浅的水面托起无数错落的石山、石壁，又折映出婆娑多姿的影。有的山平光如洗，在水里是一面立着的镜子；有的中裂一缝，在水里就是一道飞来的剑影。（梁衡《桥那边有个美丽的地方》）

②北平小贩的吆喝声是很特殊的。我不知道这与平剧有无关系，其抑扬顿挫，变化颇多。有的豪放如唱大花脸，有的沉闷如黑头，又有的清脆如生旦，在白昼给浩浩欲沸的市声平添了不少情趣，在夜晚又给寂静的夜带来一些凄凉。（梁实秋《北平的零食小贩》）

莫高窟

③游客各种各样。有的排着队，在静听讲解员讲述佛教的故事；有的捧着画具，在洞窟里临摹；有的不时拿出笔记写上几句，与身旁的伙伴轻声地讨论着学术课题。（余秋雨《莫高窟》）

④加林妈在旁边窑里做饭。好多婆姨女子都在帮助她。有的拉风箱，有的切菜，有的擀面。遇到这样的事，所有的邻居都乐意帮忙。（路遥《人生》）

3. 时而……时而……

连接意义相对的两个动词性词语或形容词性词语，表示动作或状态在一定时间内一正一反交替发生。例如：

①在不同的时刻，海也呈现不同的面目。它时而波澜不惊，时而恶

浪滔天。(周国平《海的真相》)

②他那透人脾肺的目光,时而收拢,合目沉思,时而又放纵开来,轻轻扫过每个人的脸。(蒋子龙《乔厂长上任记》)

4.忽……忽……

表示一会这样,一会那样,情况不时变化。连接两个意思相对或相反的单音节形容词、动词或方位词。例如:

①盛夏晴朗的夜晚,在树林和草丛中常有些闪烁不定的"小灯"在流动,忽明忽暗,这就是萤火虫在飞舞中发出的荧光。

②当然,粮食主产省总希望粮食能卖个好价钱,可稍微往远处看一点就会发现,粮价忽高忽低对粮食生产并不利。

③一块块返青的麦田,好像绿色的栽绒毯子,大小不等地铺展在地上;一行行发绿的杨柳,低垂着滑腻的枝条,忽左忽右地摆动着,一切都展示出春意。

5.忽而……忽而……

表示不同的情况在一定时间内交替发生不断变化。多用于书面语。例如:

①果然,雾纱渐薄,云雾弥漫中的日月潭,忽而显山,忽而显水,影影绰绰,更加富有魅力和神秘感。

②倏忽10年,年逾不惑的杨丽萍在《云南印象》中重跳"雀之灵"。不同的是,独舞变成了群舞,杨丽萍唱起了民歌,舞蹈风格多变,忽而静谧优雅,忽而原始狂野。

6.一会……一会……(一会儿……一会儿……)

表示不同的动作或现象在很短的时间内交替发生。例如:

①它躺得并不安分,跳动着,闪烁着,一会儿伸出手抚抚我的睫毛,将几缕月光送入我的眼底;一会儿又揉揉我的鼻子,将月华的芳菲再送进来。(迟子建《月亮,在半梦半醒之间》)

②小草花听得大醉,也和着声音节拍一会倒,一会起,没有镇定的时候。(许地山《春底林野》)

(五)表示对照关系

对照是指前后分句说明一正一反两种情况,或者肯定某一事物而否定某一事物。例如:

1. 不是……而是……

"不是"用在前面的分句,表示否定;"而是"用在后面的分句,表示肯定。前后两个分句正反对举,使肯定的意思更突出。例如:

①听说她是省报的记者后,他们大为惊讶——不是惊讶晓霞是记者,而是惊讶漂亮的记者怎么能看上他们这个掏炭的徒弟呢?(路遥《平凡的世界》)

②人生中一切矛盾的化解,并不是拿尖锐的刀子划过,而是那最朴素最温暖的轻轻一放。(安宁《轻放》)

③我以为,中国历史最激动人心的工程不是长城,而是都江堰。(余秋雨《都江堰》)

2. 不是……是……

"不是"用在前面的分句,表示否定;"是"用在后面的分句,表示肯定。前后分句对举,使肯定的意思更突出。例如:

①老人如约送了我常春藤,不是一两株,

常青藤

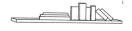

别乱点鸳鸯谱——汉语关联词的准确搭配

是一大把,全是他精心挑捡过,长在墙上最嫩的一些。我欣喜地把它种在花盆里。(林清玄《常青藤》)

②勤能补拙,勤能损欲,这不是消极的说法,勤的积极意义是要人进德修业,不但不同于草木,也有异于禽兽,成为名副其实的万物之灵。(梁实秋《勤》)

③我每次去喝,不是为解渴,是为解馋。(梁实秋《酸梅汤与糖葫芦》)

④我在农夫家做客。刚刚是我们一起把稻子倒出来,用犁耙推平的,也不是推平,是推成小小山脉一般,一条棱线接着一条棱线,这样可以让山脉两边的稻谷同时接受阳光的照射。(林清玄《光之香》)

3. 是……不是……

"是"用在前行分句,表示肯定;"不是"用在后续分句,表示否定。两个分句正反对比,两相比较。例如:

①蟹是美味,人人喜爱,无间南北,不分雅俗。当然我说的是河蟹,不是海蟹。(梁实秋《蟹》)

②他在家里住了两天,母亲给他单另做得吃了两顿好饭,还一再嘱咐他出去多操心,说那是大地方,不是石圪节……(路遥《平凡的世界》)

4. 不……而……

"不"用在前面的分句,表示否定;"而"用在后面的分句,表示肯定。前后两个分句正反对举,使肯定的意思更突出。例如:

①至于煤矿工人又有什么关系!她已经是一个超越世俗观念的人,她懂得幸福不在于自己的丈夫从事怎么样的职业,而在于两个人是否情投意合。(路遥《平凡的世界》)

②有人说,真正的维也纳的音乐并不在金色大厅或歌剧院,而在城

郊的小酒馆里。(冯骥才《维也纳的灵魂:音乐与花》)

二 从几项中选出一项——选择关联词

据说北美印第安人部落之间,如果发生了激烈的利益冲突,即将爆发战斗时,他们还会遵循古礼,让对方做一个"是短斧,还是烟斗"的选择。以短斧和烟斗作为信物,由使者送给对方。如果对方选择拿起了短斧,就表示他们应战了。如果对方部落的代表选择轮流吸烟斗,则表示愿意和解。

"是短斧,还是烟斗",从句法上分析,是典型的表示选择关系的复句。

所谓选择关系,是指两个或两个以上的分句,分别说出几件事情或几种情况,表示要从中选择一项。选择关系可以分为以下几种:

(一)表示任选关系

任选表示在分句所代表的不同事物或情况中可以"或此或彼",任凭选择。常见的关联词语有:

1. 是……还是……

表示在两个选择项中任选其一。"是"用在前行分句的开头,引出一个选择;"还是"用在后续分句,引出另一个选择。例如:

①究竟是天下的向日葵,根本从来就没有围着太阳旋转的习性,还是这天山脚下的向日葵,忽然改变了它的遗传基因,成为一个叛逆的例外? (张抗抗《天山向日葵》)

②一个人究竟是姣好,还是寝陋,是端庄,还是阴鸷,本来难有定评。(梁实秋《代沟》)

③蜜蜂在户外没有可采的花蜜了,当我开窗通风的时候,它们就飞

进屋子,寻寻觅觅的。不知它们青睐的是金黄的秋菊,还是水红的灯笼花?(迟子建《我对黑暗的柔情》)

2. 也许……也许……

表示无定的选择关系。带有猜测、估计的含意。例如:

①也许是累了,也许是别的原因,江玫觉得思想很不集中,那种兴奋和激动已经过去了。(宗璞《红豆》)

②这个人也许永远不回来,也许明天回来。(沈从文《边城》)

3. 否则

一般用于后续分句,前行分句提出一种可能的情况,然后用"否则"表示假设的否定,提出另一种供选择的可能情况。例如:

①对于巧珍来说,她今天的行动是蓄谋已久的。不是一天两天,而是多少年埋藏在她心中的感情,已经忍无可忍——她要爆发了!否则,她简直觉得自己活不下去了!(路遥《人生》)

②当然,对于他们每个人来说,也的确没有多少钱。可几十个人加在一起,就是一笔相当巨大的款项,孙少安除了卖掉制砖机,否则根本无力付这笔账。(路遥《平凡的世界》)

(二)表示限选关系

限选是指只能在分句提供的几个限定选项内选定其中之一,非此即彼,没有其他可能,口气肯定。常见的关联词语有:

1. 不是……就是……

表示在前后两个可供选择的情况中,限选其中一种。强调非此即彼,二者必居其一。语气肯定。例如:

①走在街上,熙熙攘攘,磕头碰脑的不是人面兽,就是可怜虫。在这种情形下,我们虽无勇气披发入山,至少为什么不带一把牙刷捆起铺盖出去旅行几天呢?(梁秋实《旅行》)

②周朴园:"我问过许多那个时候到过无锡的人,我也派人到无锡打听过。可是那个时候在无锡的人,到现在不是老了就是死了。活着的多半是不知道的,或者忘了。不过也许你会知道。三十年前在无锡有一家姓梅的。"(曹禺《雷雨》)

话剧《雷雨》剧照

③在这些人中,只有孙少平一个人是纯粹的农民子弟,其他人的父亲,不是公社领导,就是县市的部长局长。(路遥《平凡的世界》)

2. 要么……要么……

表示在前后对举的、互相排斥的两种情况或两个事物之间进行选择,有"非此即彼"的意思。例如:

①封建家族的血缘关系和社会学术界的整体需求产生了尖锐的矛盾,藏书世家面临着无可调和的两难境地:要么深藏密裹使之留存,要么发挥社会价值而任之耗散。(余秋雨《风雨天一阁》)

②牡丹没有花谢花败之时,要么烁于枝头,要么归于泥土,它跨越萎顿和衰老,由青春而死亡,由美丽而消遁。(张抗抗《牡丹的拒绝》)

(三)表示优选关系

说话者在分句提供的可能项中,做出明确的选择。取舍已定。以舍弃项来烘托选择项。常用的关联词语有:

1. 宁可……也不……

"宁可"用在前行分句,表示比较两方面的利害得失以后应该选取的一方面;"也不"用在后续分句,表示不愿做的一方面。是取前舍后的选择。例如:

①我们中国人是最怕旅行的一个民族。闹饥荒的时候,宁可在家乡吃青草啃树皮吞观音土,也不轻易逃荒,生怕离乡背井之后,在旅行中流为饿殍,失去了最后的权益——寿终正寝。(梁秋实《旅行》)

②夕阳逼近,金黄色的花瓣背面被阳光照得通体透亮,发出纯金般的光泽。像是无数面迎风招展的小黄旗,将那整片向日葵地的上空都辉映出一片升腾的金光。它宁可迎着风,也不愿迎着阳光么?(张抗抗《天山向日葵》)

2. 宁肯……也不(不愿)……

连接前后两个分句,表示取前舍后的选择,与"宁可……也不……"用法一样。例如:

①对此,胸襟中贮满了海风的上海人倒是有点固执,并不整个儿幡然悔悟。暂时宁肯这样,不愿匆匆趋附。(余秋雨《上海人》)

②那时候的我,一直是这样认为的,父亲对我的爱,远远没有对他自己的多。他躲在无人注意且不会被嘲弄的角落里,守着一颗敏感高傲的

心,过自己的寂寞日子。他是自私的,他宁肯冷落我,也不会在我的同学面前用高得惊人的声音说一句关爱的话给我。(安宁《父爱无声》)

3. 宁愿……不(也不)

意义和用法同"宁可……也不……"。表示取前舍后的选择关系。例如:

①孙少安完全能体谅亲爱的人儿对自己的一片好心！但他决不允许妻子为他搞"特殊化"。他宁愿不吃饭,也不愿意他吃稠的让家里人喝汤——他怎能咽下去呢?(路遥《平凡的世界》)

②古时候,还有皇帝的女儿看上平民老百姓哩！她们宁愿为了爱情不享受皇宫的荣华富贵,而跟所爱的人去受一辈子苦。(路遥《平凡的世界》)

4. 宁……不……

"宁",宁可的意思,用在前行分句,表示选取的一面;"不"用在后续分句,表示舍弃的一面。合用表示取前舍后的选择关系。例如:

①譬如十足文人的扬雄在《法言》就说"雕虫篆刻,壮夫不为"。可见他宁做壮士,不做文人。(钱钟书《论文人》)

此外,"宁……不……"的格式,还经常用来构成一些表示取舍选择的成语、俗语。如:

②宁为玉碎,不为瓦全。
③宁吃鲜桃一口,不吃烂杏一筐。

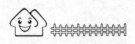
5.与其……不如（还不如、倒不如）……

表示舍前取后的有定选择关系。"与其"用在前行分句,表示舍弃项;"不如"用于后续分句,表示选取项。例如:

①但是,事情到了这个地步,友情和相识还有什么区别? 这与其说是维护,不如说是窒息,而奄奄一息的友情还不如没有友情,对此我们都深有体会。(余秋雨《关于友情》)

②有了这么一些传说,庐山与其说是文人的隐潜处,不如说是历代文人渴望超拔俗世而达到跨时空沟通的寄托点。(余秋雨《庐山》)

"不如"前加"倒"或"还"起加重语气的作用。如:

③尽管俊武是个强人,但最终还是不能抗拒田福堂实现他的雄心。他想说服这位家兄弟,与其反抗得不到结果,还不如顺势买个好。(路遥《平凡的世界》)

④他早就说过,与其目击儿子那些"离经叛道"的生活,倒不如死了好。(茅盾《子夜》)

三 意义上更进一层——递进关联词

辣椒是我国人民喜爱的食品,尤以江西、四川、湖南、贵州等省居民吃辣椒为甚。辣椒在我国被认为是川菜的灵魂、湘菜的精髓、赣菜的天使。这些地方的人们早已不单纯把辣椒视为日常饮食生活中的"不可一日无此君"的蔬菜和调味品,而且把它融入了自己的饮食文化。

有一则相声,更是惟妙惟肖地将此归纳为:江西人"不怕辣";四川人不但"不怕辣",而且"辣不怕";湖南人不但"辣不怕",甚至"怕不辣"。

这则相声中,"不但……而且……"、"不但……甚至"是非常典型的表示递进关系的关联词语。

所谓递进关系,是指前行分句提出一个情况,后续分句以此为基准,在数量、程度、范围、时间、功能或其他方面更推进一层。一般可以分为以下几个类型:

(一)正递

正递也叫顺递。前一分句以肯定意思为基点,后一分句正向顺势推进。常见的关联词语有:

1. 不但(不仅、不单、不只)……并且……

不但(不仅、不单、不只)用来引出前项,承认一层意思,同时表示这不是说话人所要表达的全部意思;"并且"承接上文,引出后项,表示比前项更进一层。例如:

①"永远快乐"这句话,不但渺茫得不能实现,并且荒谬得不能成立。(钱钟书《论快乐》)

②然而我们不能长聚,几天后我不但离别了他,并且离别了故乡。(鲁彦《钓鱼》)

③"我在做梦罢"他想到,他不仅想并且顺口说了出来。(巴金《寒夜》)

④我喜欢到村庄去,不单是贪玩那不染尘垢的山水,并且爱和村里的底人攀谈。(许地山《乡曲的狂言》)

⑤每年十月一日来临的时候,我不只对我们伟大的国庆日表示衷心的祝贺,并且要联想到北京这座巍峨的古老建筑物。(邓拓《从天安门到全中国》)

2. 不但(不仅、不单、不光、不只)……而且……

不但(不仅、不单、不光、不只)用来引出前项,承认一层意思,同时表示这不是说话人所要表达的全部意思;"而且"承接上文,引出后项,表示比前项更进一层,递进意味比"并且"稍强。例如:

①过去,无论在工作上,还是在生活上,他都曾达到过兴奋的高潮。尤其是美满的家庭和热烈的爱情,不仅给他带来了个人生活的满足,而且还促使他在事业上奋发追求。(路遥《平凡的世界》)

②美国人不但要尽量享受,而且要尽量设法提前享受,分期付款制度的畅行,几乎使得人人经常的负上债务。(梁实秋《说俭》)

③郭杏儿落生以后直到如今,不光是头一回进北京,而且是头一回进城。(刘心武《钟鼓楼》)

④数学已不单是一门学科,而且是重要的潜在资源。(毕全忠《数学——翘起未来的杠杆》)

⑤有些党八股,不只是空话连篇,而且装样子故意吓人,这里面包含着很坏的毒素。(毛泽东《反对党八股》)

3. 不但(不仅)……甚至……

不但(不仅)用来引出前项,承认一层意思,同时表示这不是说话人所要表达的全部意思;"甚至"承接上文,引出后项,表示比前项更进一层,递进意味比"而且"更强。例如:

①少安又把另一根纸烟,恭敬地夹在执钳操锤的老师傅的耳朵上——老师傅现在不仅没空抽,甚至腾不出手来接烟卷。(路遥《平凡的世界》)

②至于烟,不仅不能闻,甚至连看也不能再看;一看到烟,他就忍不住要咳嗽——已经到了一种条件反射的程度。(路遥《平凡的世界》)

③小小的白桦,用它的身,用它的叶,用它的"血",用它的皮,全部

奉献给人类,使我们这些穷苦人,不但得到了它许多温暖和好处,甚至得以生存。(刘芳《走进白桦林》)

白桦林

4. 不但(不仅、不单、不光、不只)……也……

不但(不仅、不单、不光、不只)用在前行分句,指出并承认一层意思;"也"用在后续分句,表示前后相比,后者意思更进一层。例如:

①因为这大森林,不但给人以美的享受,美的熏陶,也在净化着人们的思想和心灵。(刘芳《坝上采蘑》)

②当然,新学校的庆祝典礼不仅是孙少安的大事,也是双水村所有人的大事。几天来,全村人都有点激动不安地等待这一非凡的红火时刻。(路遥《平凡的世界》)

③数学不只是演算,也包括逻辑的推理。(钱学森《现代自然科学中的基础学科》)

④草原上不光有羊,也有咬人的狼啊。(曹禺《王昭君》)

⑤你年纪老了,不单是受不了风寒,也挨不了饿。(田汉《梅雨》)

5. 不但(不仅、不单、不光、不只)……还……

不但(不仅、不单、不光、不只)用在前行分句,指出并承认一层意思;"还"用在后续分句,表示项目的增加或范围的扩大。例如:

①最使这些人难堪的是,在给他们装土的四个人中间,就安排一个自己的亲属。折磨本人还不算,还要折磨他的亲人;不光折磨肉体,还要

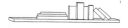

折磨精神。(路遥《平凡的世界》)

②骂的时候最好引用他自己的词句,这不但可以使他难堪,还可以减轻他对你骂得力量。(梁实秋《骂人的艺术》)

③他们生产出的粮食,不仅可以供全美国人食用,还出口到世界去。(杨振宁《世纪之交的科学随想》)

④你不单救回了妹妹,还显出了咱穷人的威风。(欧阳山《苦斗》)

⑤她不只是看见这一位母亲躺在床上,她还看见千百万个母亲形销骨立心神破碎地被压倒在地上。(宗璞《红豆》)

6. 不但(不仅、不单、不只)……更……

不但(不仅、不单、不只)用在前行分句,指出并承认一层意思;"更"用在后续分句,表示前后相比,后者尤其突出。例如:

①老屋的玻璃天窗,小巧晶莹,开设在光线不足的卧房。对于我们小孩来说,天窗不仅为我们平添光亮,更让我们感受到许多无法言喻的美妙。(江南月《天窗》)

②而穷困之所以该诅咒,不只因为它造成物资方面的债务,更因为它造成了精神上和情感上的债务。(梁晓声《父亲》)

③他不光从那小伙子的态度上看出来,更从小伙子父母的眼神里看出来,他那个打算是根本不可能实现的。(刘心武《钟鼓楼》)

④我死后,不但希望你要坚强地活下去,更盼望你美美满满地去生活。(李存葆《高山下的花环》)

7. 别说(不要说)……就是……也……

"别说(不要说)"用于前行分句,提出程度较浅的情况;"就是……也……"用在后续分句,表示对一种极端的情况加以强调,整个分句是前行分句的递进。例如:

①田福堂经过不久前的那场挫折，又瘦了一些，额头上还留着火罐拔下的黑印。他笑着说："这是好事嘛！还要你给我解释哩？你办这么大的事，别说一个月，就是两个月三个月也值得！"（路遥《平凡的世界》）

②半个小时后，孙少平如期地来了。田晓霞惊讶地看见，他穿了一身笔挺的新衣服，脸干干净净，头发整整齐齐；如果不是两只手上贴着肮脏的胶布，不要说外人，就是连她都不会怀疑他是不是个揽工汉呢！（路遥《平凡的世界》）

8.别说……连……都……

"别说"用于前行分句，提出程度较浅的情况；"连……都……"的固定格式，用在后续分句，强调不该如此的都如此，突出一种极端情况。例如：

①据了解，去这些村庄别说汽车，连自行车都骑不成，就是步行，也要翻山越沟在羊肠小道上走整整两天才能到达。（路遥《平凡的世界》）

②别说她是城里长大的，连俺玉秀都说，让她在那深山老林里住，她夜里都害怕。（李存葆《高山下的花环》）

9.别说……连……也……

"别说"用于前行分句，提出程度较浅的情况；"连……也……"的固定格式，用在后续分句，强调不该如此的也如此，突出一种极端情况。例如：

①黄土高原山乡圪崂的农民，从来没有吃鱼的习惯——别说吃了，许多人连这玩意见也没见过。（路遥《平凡的世界》）

②于是我又想起，一年的年关在火车站上。车厢里人满为患，别说坐，连走道上也人贴着人地站着。从车门根本挤不上去，有人就从车窗往里爬。（冯骥才《除夕情怀》）

10. 不仅(不光)……连……也……

"不仅(不光)"用于前行分句,指出并承认一项已经如此的事例;后续分句用"连……也……"的固定格式把意思推到某种极限,强调不该如此的也如此。例如:

①在我眼前出现的不是摇头摆尾,连连作揖的小狗,而是躺在解剖桌上给割开肚皮的包弟。我再往下想,不仅是小狗包弟,连我自己也在受解剖。(巴金《小狗包弟》)

②咱们这个矿还能开采一百年,不光足够我和你们挖一辈子,就连我们的儿孙也够挖……(路遥《平凡的世界》)

③周文龙大学毕业当农民立刻成为一件轰动的新闻,不仅地区和省上的报纸大量宣传他,连《人民日报》和中央人民广播电台也报道了他的光荣事迹……(路遥《平凡的世界》)

11. 不仅(不光)……连……都……

"不仅(不光)"用于前行分句,指出并承认一项已经如此的事例;后续分句用"连……都……"的固定格式把意思推到某种极限,强调不该如此的都如此。例如:

①记得小时候,不光娃娃们,连有些村里的大人,都开过他们的玩笑,说她是他的"媳妇",可是,当他真正懂事的时候,就知道这的确是个玩笑。(路遥《平凡的世界》)

②几日后,翻起账本,突然想起一个借钱的熟人,彼时他信誓旦旦,说三个月后肯定一分不少地全都打到我的账户里来,可是又过去两个月了,他不仅没有打钱,连一个解释的电话都没有。(安宁《轻放》)

12. 连……也……

前行分句先列出一项或几项已经如此的事例,然后用"连……

也……"的关联格式把意思推到某种极限,有时甚至不该如此的也如此,强调一种极端的情况。例如:

①铜城及其周围的矿区,就是这样一片喧腾不安,充满活力的土地。它的街道、房屋、树木,甚至一棵小草,都无不打上煤的印记,就连那些小鸟也被无处不有的煤熏染成烟灰色……(路遥《平凡的世界》)

②在我的视野里,月亮是寂寞的。她那么孤单地悬挂在天空,星星离她那么遥远,地球离她那么遥远,就连一直在给她光和热的太阳也总是离她那么遥远。(汪建中《寂寞的月亮》)

13. 连……都……

前行分句先列出一项或几项已经如此的事例,然后用"连……都……"的关联格式把意思推到某种极限,有时甚至不该如此的都如此,强调一种极端的情况。例如:

①我是个不可救药的旅者,连黄山、庐山等都没有去过。一听哪里火就对哪里怕。(韩少功《另一片天空》)

②在古老的大树下,它只是一株柔弱得不能再柔弱的小草。在这古树面前,就连人类都显得微不足道,而小草却依旧昂然挺立着。(毕淑敏《没有一棵小草自惭形秽》)

14. 更

用在几个分句的最后一项前,表示比前面的情况程度上深了一层。例如:

①他是英俊的,尤其是在他沉思或皱着眉头的时候,更显示出一种很有魅力的男性美。(路遥《人生》)

②北平的冰是从什刹海或护城河挖取藏在窖内的,冰块里可以看见

草皮木屑,泥沙秽物更不能免,是不能放在饮料里喝的。(梁实秋《酸梅汤与糖葫芦》)

15. 既……还……

"既"用于前行分句,表示不止这一方面;"还"用于后续分句,表示范围的扩大和程度的加深,意思更进一层。例如:

①按说,嫡亲孙玉亭两口子应该来帮忙,但妇女主任贺凤英到大寨参观去了,孙玉亭既要忙革命,还要忙家务,三个孩子大哭小叫,乱得他抽不出身来。(路遥《平凡的世界》)

②正因为是大事,所以必须人人能够听懂,不能"之乎者也"地背诵古文。同时,它既须字斟句酌,语语明确,还要铿锵悦耳,引人入胜。(老舍《散文重要》)

16. 既……更……

"既"用于前行分句,表示不止这一方面;"更"用于后续分句,引出与前行分句相比较尤其突出的另一方面。例如:

①人们既来寻景,更来寻诗。这些诗,在他们的孩提时代就能背诵。(余秋雨《阳光雪》)

②同志们不要有丝毫的误解,赵指导员既不是下连代职锻炼,更不是到这里来体验生活的,上级正式任命他为我们九连的指导员!(李存葆《高山下的花环》)

17. 除(除了)……外(之外、以外)……

一般用作引出前行分句,表示排除已知情况。后续分句补充其他情况,语意层层递进。例如:

①除了将要谙吉纳采交换庚帖之外,对于别人的真实年龄根本没有多加探讨的必要。但是我们的习俗,于请教"贵姓"、"大名"、"府上"之后,有时就会问起"贵庚"、"高寿"。(梁秋实《年龄》)

②除了不可挽救的脏相以外,男人的脏大概是由于懒。(梁实秋《男人》)

③由旁人看来,除知道这人卖菜有钱以外,其余一概茫然。(沈从文《菜园》)

18. 除(除了)……外(之外、以外)……还……

"除(除了)……外(之外、以外)"用在前行分句,表示排除某些情况,"还"用在后续分句,表示范围的扩大,程度的加深。例如:

①少平来到了邮政所。他是来寄钱的。除留够本月的伙食和买一床铺盖的钱外,他还剩五十元。他要把这钱寄给父亲。(路遥《平凡的世界》)

②除了各种色彩缤纷的名花瓜果外,还陈列着一株花朵灼灼、树冠直径达一丈许的大桃树。(秦牧《花城》)

③外科医生除了具备内科医生应该具备的一切外,还需要一双灵巧的双手。(铁凝《没有纽扣的红衬衫》)

④这一个发展除了社会的、历史的背景以外,还有自然科学的基础。(齐民友《数学与文化》)

19. 除(除了)……外(之外、以外)……也……

"除(除了)……外(之外、以外)"用在前行分句,表示排除某些情况,"也"用在后续分句,强调补充同类动作或情况的发生。例如:

①除了内在原因外,外在环境也使他不能安心读书——院子里,办喜事的薛家那边传来了一阵阵极其刺耳的喧闹声。(刘心武《钟鼓楼》)

别乱点鸳鸯谱——汉语关联词的准确搭配

②由荐头店荐来的老妈子,除上炕者是当然以外,也总是衣冠楚楚,看起来不觉得会令人讨嫌。(郁达夫《北平的四季》)

20. 除(除了)……外(之外、以外)……又……

"除(除了)……外(之外、以外)"用在前行分句,表示排除某些情况,"又"用在后续分句,表示动作或情况的追加、补充。例如:

①花木供应空前多了,买花的人也空前多了,除原来的几个年宵花市之外,又开辟了新的花市。(秦牧《花市》)

②玉华叶氏在形成聚落以后,先后建立的祠堂,至少有二十座。除了祭祀之外,祠堂又是家族分支堂派的象征,举行礼仪活动的地点,以及娱乐空间与社交场所。

21. 而且

表示后项对于前项而言是更进一层。常用来连接词语、分句和句子。"而且"是递进关系的标志。例如:

①有些男人的手绢,拿出来硬是像是土灰面制的百果糕,黑糊糊黏成一团,而且内容丰富。(梁实秋《男人》)

②别看这只蜜蜂了无生气的样子,它的能量实在是大。我的拇指顷刻间肿胀起来,而且疼痛难忍。(迟子建《我对黑暗的柔情》)

③河南人最大的秉性就是乐于帮助有难处的人,而且豪爽好客,把上门的陌生人很快就弄成了老相识。(路遥《平凡的世界》)

22. 并且

用在后续分句中,表示后续分句的意思比前面分句的意思更进一层。常用来连接词语、分句和句子。例如:

①有人认为这是成吉思汗的边墙,并且把扎兰屯南边的一个小镇取名成吉思汗,以纪念这条边墙,这是错误的。(翦伯赞《内蒙访古》)

②这座创建于乾隆以前的道教神庙,是当年斗争的总指挥部,它近年被修葺一新并且变成纪念馆了。(秦牧《古战场春晓》)

③只有这些书,才使他觉得活着还是十分有意义的,他的精神才能得到一些安慰,并且唤起对自己未来生活的某种美好的向往。(路遥《平凡的世界》)

23. 甚至

用于几个并列成分的最后一项之前,表示这一项更加突出,强调更进一层的意思。例如:

①刘巧珍听了加林的这句表扬的话,高兴得满脸光彩,甚至眼睛里都是水汪汪的。(路遥《人生》)

②书是无穷无尽的,它像世界一样广阔无际和丰富多彩。甚至比现实世界还宽广,还迷人。一本本书就像一个个潮头,一页页书就像一片片浪花,书上的字便是一颗颗晶莹的水珠。(冯骥才《书架》)

百合花

③几十年后,远在百里、甚至千里之外的人们,从城市、从乡村,赶来欣赏百合开花。许多孩童跪下来,闻嗅百合花的芬芳;许多情侣互相拥抱,许下了"百年好合"的誓言;无数的人看到这从未见过的美,感动得落泪,触动内心那纯净温柔的一角。(林清玄《心田上的百合花》)

24.再说

表示进一步说明原因或理由。一般连接分句或句子。多用于口语。例如：

①有个教师儿子,他在门外也体面。再说,三星也从没吃过苦,劳动他受不了,弄不好会成个死二流子。(路遥《人生》)

②巧珍也抬起头笑了。她抹去脸上的泪水,说:"加林哥,真的,只要有门道,我支持你出去工作! 你一身才能。窝在咱高家村施展不开。再说,你从小没劳动惯,受不了这苦。"(路遥《人生》)

③不过,这金俊山终究腿上挨了国民党的一颗枪子,政治根子红着哩! 再说,他又是副书记,比他的职位高,他能把人家怎样? (路遥《平凡的世界》)

25.尤其

一般用于后续分句,表示经过比较,后面的事物或情况特别突出,有更进一层的意思。例如:

①我赞美白杨树,就因为它不但象征了北方的农民,尤其象征了今天我们民族解放斗争中所不可缺的朴质、坚强、力求上进的精神。(茅盾《白杨礼赞》)

"尤其"经常跟"是"合用,组成短语"尤其是",突出强调后者。例如:

②就这样,孙少平被田晓霞引到了另外一个天地。他贪婪地读着她带来的一切读物。尤其是《参考消息》。(路遥《平凡的世界》)

(二)反递

反递即反向递进,前行分句以否定意思为基点,后续分句向肯定意思反向推进。常见的关联词语有:

1. 不但不(不仅不、不仅没、不但没)……反而(反倒)……

前行分句用"不但不"(不仅不、不仅没、不但没)从否定方面说起,后续分句用"反而(反倒)"表达相反的意思,表示意思从相反的方面推进。具有"先否定再肯定"的递进关系。例如:

①几年之间,家里庭院就有了百十个品种,像要做一个兰草园圃似的。方圆十几里的人都跑来玩赏。父亲不但不以此得意,反而倒有了几分愠怒。(贾平凹《访兰》)

②在这火烧眉毛的关头,田福海不但没像往常那样大呼小叫,反而捧着杯龙井细细品尝。

③那些乞丐不但不害怕巡警抓,反倒希望被他们抓起来混顿饱饭吃。

④我不仅不觉得热,反而觉得冷得发抖。(白桦《白日梦中的大雷雨》)

⑤不少工人为胡万通扫街而感动,他不仅没失身份,在群众中反倒长了身价。(蒋子龙《拜年》)

2. 非但不(非但没)……反而(反倒)……

"非但"用在前行分句,跟否定词"不"或"没"等连用,引出一种否定意思,"反而(反倒)"用于后续分句,引出肯定方面的意思,把意思推进一层,表示"否定再肯定"的递进关系。例如:

①大爷非但不笑,脸色反而严肃起来……(王笠耘《春儿姑娘》)

②兄弟俩结婚,非但没把原来的家拆散,反倒添丁进口,扩大了门庭。(母国政《不是一场虚惊》)

(三)衬托递进

衬托递进,用相关事物的对照比较而表示递进。常见的关联词语有:

1.尚且……何况……

"尚且"用在前行分句,提出某种程度更甚的明显事例作为衬托;"何况"用于后续分句,用反问语气对程度上有差别的同类事例做出结论,表示比较起来更进一层的意思。例如:

①富豪们尚且掂量再三,何况我等工薪阶层?

②平时尚且有这么高的上座率,何况节假日呢?

③诗歌尚且不可过于拘泥,何况散文呢?(郭预衡《言之无文行而不远》)

④试想,普通的蜜蜂集体的力量尚且可以把一匹马蜇死,更何况一大群野蜂呢?(秦牧《花蜜与蜂刺》)

2.尚且……更……

"尚且"用在前行分句,提出某种程度更甚的明显事例作为衬托;"更"用于后续分句,对程度上有差别的同类事例做出结论,表示相比之下不值得一提。例如:

①"君子之泽,五世而斩",功名资财,良田巍楼尚且如此,更遑论区区几箱书?(余秋雨《风雨天一阁》)

②正是困难时期,返粮食钱尚且凑不足,苹果更是不敢想象的奢侈品了。(李存葆《山中,那十九座坟茔》)

3. 连……也(都)……何况……

前行分句中"连……也(都)……"是表示强调的固定格式,先指出某种极端情况;"何况"引出后续分句,用反问语气表示应该如此的就更应该如此了。例如:

①草是卑微的,但卑微并非指向羞惭。在庄严的大树身旁,连一棵微不足道的小草都可以毫不自惭形秽地生活着,何况我们万物灵长的人类!(毕淑敏《没有一棵小草自惭形秽》)

②管了家务便连谈天的工夫也没有,何况读书和散步。(鲁迅《伤逝》)

4. 何况

一般位于后续分句的句首,用反问语气强调更进一层的意思。例如:

①六朝金粉足能使它名垂千古,何况它还有明、清两代的政治大潮,还有近代和现代的殷殷血火。(余秋雨《五城记》)

②话说回来,就是家里有点好吃的、好穿的,也要首先考虑年迈的祖母和年幼的妹妹,更何况还有姐姐的两个嗷嗷待哺的小生命!(路遥《平凡的世界》)

③挚友不必太多,人生得一知己足矣,何况有不止一个心灵上的伙伴。(汪国真《友情是相知》)

5. 况且

用在后续分句或句子的开头,表示对前面已经举出的理由进一步补充。例如:

①一直到手工回到宿舍,学校马上要开饭的时候,孙少平还是拿不

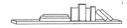

定主意。他想如果他不去,就实在对不起润叶姐了,况且润叶姐还有话要对他说呢。(路遥《平凡的世界》)

②我笑,"可不是人人都像您这样乐于助人,况且,这还是租来的房子,这走廊,也属于公共的区域,不只我们这一层,楼上的人也都要从此经过呢。"(安宁《轻放》)

③所以看牡丹是一定要到洛阳去看的。没有看过洛阳的牡丹就不算看过牡丹。况且洛阳牡丹还有那么点来历,它因被贬而增值而名声大噪,是否因此勾起人的好奇也未可知。(张抗抗《牡丹的拒绝》)

第三章

关联词亮相（下）
——事理类关联词

两个现象、事件内在的逻辑事理关系，可能是符合事理的，也就是说，按照常理、常规、常态、常识，从 A 可以推导出 B 的结论；也可能是违反事理的，即按照常理、常规、常态、常识，从 A 推导不出 B 结论，却出现了 Z 的反结果。这就构成了"顺理关系"和"违理关系"。承接、因果、假设、目的属于"顺理关系"，转折、让步属于"违理关系"。

一　承接上文，引起下文
——承接关联词

2012 年春夏之交，纪录片《舌尖上的中国》"意外"引发收视狂潮，吸引了无数观众深夜守候。片中，热气腾腾的黄馍馍、肌红脂白的诺邓火腿、滋味绵长的稻米黄酒、香气弥漫的白吉馍，都勾起了我们的无限遐想，而且这里没有说教、没有噱头、没有人云亦云，有的是对食物的敬意和感情，有的是口水与泪水齐飞，有的是属于我们每个人的味道、记忆、情感和家园……

与此同时，"才下舌尖，又上心头"的感慨也迅速引起广大网民的共

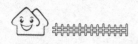

鸣,成为众多"吃货"共同的心声。

从语言学角度看,"才下舌尖,又上心头",是一个表示承接关系的复句,"才……又……"是一组典型的表示承接关系的关联词语。

所谓承接关系,述说的是连续发生的一系列事件、动作或相关的事物、道理,前后承接连贯,顺序不能颠倒。常见的关联词语有:

1. 先……后(后来)……

"先"用于前行分句,表示某一动作或情况发生在前,"后(后来)"用于后续分句,表示另一动作或情况后发生。例如:

①大凡人们都是先有书,后有书架的。书多了,无处搁放,才造一个架子。(冯骥才《书架》)

②母亲50岁后,头发日渐白了。先是两鬓,后来是额前,再后来满头芦花,让我们感到心痛。(刘益善《田野上的白发》)

③我先来到指导员家,在门外徘徊了许久,没有进去。后来到连长家,鼓了几次勇气,推门进去了支支吾吾地说了几句不着边际的话,立刻告辞。(梁晓声《父亲》)

2. 先……然后……

"先"用于前行分句,表示某一动作或情况发生在前,"然后"用于后续分句,表示另一动作或情况后发生。侧重时间顺序的承接。例如:

①巧珍擦去泪水,委屈地转身回家了。她先洗了把脸,然后对着镜子认真地梳起了头发。(路遥《人生》)

②他想:"我要先让第一条鲨鱼把死鱼咬紧了,然后再朝它的鼻尖儿揍,或者照直朝它的头顶上劈去。"(海明威《老人与海》)

③老景先问了他这次出去的一些情况,然后忽然沉默了起来,脸上的表情也很不自然。(路遥《人生》)

3. 先……再……

"先"用于前行分句,表示某一动作或情况发生在前,"再"用于后续分句,表示另一动作或行为继续进行。例如:

①对于遥远京城的腐败统治,竟然是苏州人反抗得最为厉害。先是苏州织工大暴动,再是东林党人反对魏忠贤,朝廷特务在苏州逮捕东林党时,遭到苏州全城的反对。(余秋雨《白发苏州》)

②其实,当运动员们在起点脱下外面的罩衣,露出紧凑而富有弹性的筋肉,先略事活动臂膊腿脚腰肢,再渐渐弹跳着、抖擞着,准备进入比赛,那神情,那体态,那气氛,就已非常之优雅。(刘心武《起点之美》)

4. 先是……随后(接着、随即)……

"先是"用于前行分句,表示某一动作或情况发生在前,"随后(接着、随即)"用于后续分句,表示另一动作或情况后发生。侧重时间相距短暂。例如:

①他先是跟着父亲,随后便和村里同龄的男孩子一块相跟着出山砍柴。每天一回,每回一小捆。(路遥《平凡的世界》)

②我先是被送到师战地医院,接着又转到国内。(李存葆《高山下的花环》)

③玉吉先是吃了一惊,随即苦笑了一下。(姜天民《第九个售货亭》)

5. 首先……然后……

"首先"用在前行分句,强调是第一位的或次序在先的;"然后"用于后续分句,表示第二位的或次序在后的,强调时间先后的承接。例如:

①我们看时,那竹窗帘儿里,果然有了月亮,款款地,悄没声儿地溜

进来,出现在窗前的穿衣镜上了:原来月亮是长了腿的,爬着那竹帘格儿,首先是一个白道儿,然后是半圆,渐渐地爬得高了,穿衣镜上的圆便满盈了。(贾平凹《月迹》)

②首先要你的思想、概念准确,然后才能写出准确的文章。(郭沫若《关于文风问题》)

6. 首先……接着(跟着)……

"首先"用在前行分句,表示某一动作或情况发生在前;"接着(跟着)"用于后续分句,表示另一相关的动作或情况紧接着发生。例如:

①城市渐渐沉浸在阴暗中,景物开始模糊起来。黄原河上新老两座大桥首先亮起了灯火,接着,全城的灯火一批跟着一批亮了。(路遥《平凡的世界》)

②首先是锣鼓和喇叭,跟着是小学生的洋鼓和军号。(周立波《暴风骤雨》)

7. 首先……其次(第二)……

"首先"用在前行分句,强调是第一位的或次序在先的;"其次(第二)"用于后续分句,表示第二位的或次序较后的。例如:

①顾炎武首先是有节气有骨头的爱国主义者,其次才是有伟大成就的学者。(吴晗《爱国学者顾炎武》)

②其实这房子不足 20 平方米,可我在这里认识了很多人。一开始,他们大都是来自美院的毕业生,年龄在 20 岁左右。

顾炎武画像

可没过多久,这单一的格局就发生了变化,首先是地理上的,其次是不同"阶级"的混杂。(王坤红《那条街,那间房子……》)

如果关联的事项不止两项,可以在"其次"之后加用"再其次",或者在"第二"之后加用"第三"表示。例如:

③然而,要真正依靠自己的力量把航天员送入太空,还有许多困难需要克服。首先是要有可靠性高、大推力的运载火箭;第二是安全返回技术;第三是要研究出良好的生命保障系统,为太空中的航天员提供安全舒适的工作环境。(贾永、曹智、白瑞雪《飞向太空的航程》)

8. 起初(起先)……接着(跟着、随即)……

"起初(起先)"用在前行分句,表示动作或情况发生在开始阶段;"接着(跟着、随即)"用在后续分句,表示另一相关的动作或情况紧接着发生。例如:

①芙蓉河上的马车大桥建成了,公路通了进来。起初走的是板车、鸡公车、牛车、马车,接着是拖拉机、卡车、客车,偶尔还可以看到一辆吉普车。(古华《芙蓉镇》)

②起初,前边的乡勇一惊,不敢追了,但随即只见她只拉弓不放箭,想着这个大姑娘一定射不准,又大胆地向她追来。(姚雪垠《李自成》)

③起先是小孩妇女唱,年轻小伙子跟着唱,不大一会,唱的人更多,连老孙头也唱起来了。(周立波《暴风骤雨》)

9. 起初(起先)……后来……

"起初(起先)"用在前行分句,表示动作或情况发生在开始阶段;"后来"用在后续分句,表示另一相关的动作或情况发生在前一个动作或情况之后。例如:

别乱点鸳鸯谱——汉语关联词的准确搭配

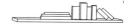

①自从去年秋天以来,她二爸家出现了一个不速之客。起先她认不出来这个敦敦实实的青年是谁,但觉得有点面熟,后来她才知道,这是李叔叔家的儿子李向前。(路遥《平凡的世界》)

②起先他们都默默无语地这样行走着,后来,两人坐在了河边的一块大石头上。(路遥《平凡的世界》)

③我母亲常对我抱怨说北平的猪肉不好吃,有一股臊臭的气味。我起初不信,后来屡游江南,发现南北猪肉味是不同。(梁实秋《白肉》)

10.再

用于后续分句,表示动作、行为或情况的重复发生或继续进行。例如:

①还有一件事是我终身难忘的。有一回,我和姐姐都养金鱼,每人两条,各养在一只小碗里。不几天,我的金鱼都死了,再去买两条,又都死了,而她的两条始终活泼。(周国平《乖孩子的劣迹》)

②姥姥是小脚,一走一摇,像是扭秧歌。我不愿意和她一起走,便挣开她的手,向前跑。跑累了,再停下来。(迟子建《北极村童话》)

③"雅舍"的位置在半山腰,下距马路约有七八十层的土阶。前面是阡陌螺旋的稻田。再远望过去是几抹葱翠的远山,旁边有高粱地,有竹林,有水池,有粪坑,后面是荒僻的榛莽未除的土山坡。(梁实秋《雅舍小品》)

④下了山,过了一个叫下山村的村子,再走十华里路,就是公社所在地石圪节村了。(路遥《平凡的世界》)

11.刚……就(便)……

"刚"表示发生在不久以前,"就(便)"表示前后两个行为、动作或状态发生、完成或出现的时间相距很短。

①院门外,便是一条小河。河水细细的,却漫着一大片的净沙;全没白日那么的粗糙,灿灿地闪着银光,柔柔和和地像水面了。我们从沙滩上跑过去,弟弟刚站到河的上湾,就大呼小叫了:"月亮在这儿!"(贾平凹《月迹》)

②他絮絮叨叨地说个没完,我却把全部的精力,都集中到那一片花花绿绿、香气扑鼻的"天花板"上了。刚采了三四朵,就装了一小筐。(刘芳《坝上采蘑》)

③西班他们刚走,雨就来了。在这之前,连续半个多月,太阳每天早晨都是红着脸出来,晚上黄着脸落山,一整天身上一片云彩都不披。(迟子建《额尔古纳河右岸》)

草地上的蘑菇

12. 才……就(便)……

表示前后两个行为、动作或状态发生的时间很短。例如:

①系好船揽,拾级而上,才抬头,就已进了沈厅大门。(余秋雨《江南小镇》)

②入夜则鼠子瞰灯,才一合眼,鼠子便自由行动,或搬核桃在地板上顺坡而下,或吸灯油而推翻烛台,或攀援而上帐顶,或在门框桌脚上磨牙,使得人不得安枕。(梁实秋《雅舍小品》)

③我们才过岱宗坊,震天的吼声就把我们吸引到虎山水库的大坝前面。(李健吾《雨中登泰山》)

13. 才……又……

"才"表示事情发生在前不久,"又"表示先后相继发生。强调时间

相距很短。例如：

①前面不知道为什么走不动，等了好久，才走了几步，又停下来等。（陆定一《老山界》）

②小镇人的心情，就像这早春的天气，才晴几天，又阴了。（陈世旭《小镇上的将军》）

14. 便
承接上文，表示后面的事情紧接着前面的事情发生。多用于书面语。例如：

①马拴戴手表的胳膊扬了扬，给他打了告别，便跨上车子，向川道里的架子车路飞奔而去了。（路遥《人生》）

②父亲过来看我，走到门口，看见我费力地用手机里微弱的光线照明，立刻放下手里的东西，说声稍等，便下了楼。不过是几分钟的工夫，他便拿了一个灯泡上来，一声不响地安好。（安宁《轻放》）

③高明楼说着，便从身边的一个老汉手里接过铜马勺，在水井里舀了半马勺凉水，一展脖子喝了个精光。（路遥《人生》）

④少平和金波骑着车子出了县城，便沿着向西的一条公路，一个带着一个，往家里赶去。（路遥《平凡的世界》）

15. 然后
用于后续分句前，承接上文。表示一种动作或情况之后接着另一动作或情况。例如：

①他妈见他平息下来，便从箱子里翻出一件蓝布衣服，披在他冰凉的光身子上，然后叹了一口气，转到后面锅台上给他做饭去了。（路遥《人生》）

②孩子的哭喊听得他柔肠寸断,想到自己反正也是想死的人了。没什么事,那么就在死前帮人一把吧。他答应了那对夫妇,一定照顾好这个失去了亲人的弦子,然后就寸步不离地抱着这个孩子四处求医。(英涛《玉树的阿爸和儿子》)

③我付了钱,对他千恩万谢之后,把酒揣在怀里贴身的地方。我怕把酒摔了,然后飞快地一口气骑车到家。刚才把酒揣进怀里时酒瓶很凉,现在将酒从怀间抽出时,光溜溜的酒瓶竟被身体焐得很温暖。(冯骥才《除夕情怀》)

16. 接着(随即、跟着)

用于后续分句,表示动作行为或情况接连发生。着重强调先后承接关系。例如:

①一道闪电几乎把整个窗子都照亮了,接着,像山崩地陷一般响了一声可怕的炸雷。听见外面立刻刮起了大风,沙尘把窗户纸打得响。(路遥《人生》)

②一些受惊的马蜂轰地飞起来,我赶紧用竿头顶住蜂窝使劲摇撼两下,只听"嗵",一个沉甸甸的东西掉下来,跟着一团黄色的飞虫腾空而起我扔掉竿子往小门那边跑。(冯骥才《捅马蜂窝》)

③这里可曾出没过强盗的足迹,借它的甘泉赖以为生?这里可曾蜂聚过匪帮的马队,在它身边留下一片污浊?我胡乱想着,随即又愁云满面。(余秋雨《沙原隐泉》)

④润叶让他坐在一个方桌前,接着就出去为他张罗饭去了。(路遥《平凡的世界》)

17. 继而

用于后续分句,表示后面的动作行为或情况紧接着前面的动作或情况发生。着重强调先后承接关系。例如:

①其实,家里所有的人都早想哭了,但硬忍着。当金老太太拒绝孙子背她到新居,继而放开声痛哭以后,这家人就再也忍不住了,跟着老人一起哭开了。(路遥《平凡的世界》)

②她惊诧了片刻,继而一把搂住我,当我回头时,却看到她满脸的泪水。(田玉珍《母爱的温度》)

③学生们一下子现出惊异的目光,你看看我,我看看你,继而重新把目光投到我身上。(马德《我愿为你收藏一粒盐》)

18. 最后

用在末一个分句的开头,表示某一动作或情况是继其他动作或情况以后最末发生或出现的。例如:

①田润叶经过一段波澜起伏的爱情周折,最后还是没有逃脱她不情愿的结局。(路遥《平凡的世界》)

②为了知己知彼,厂长亲自找不少工人了解情况,最后正式下了战表。(张新民《落棋有声》)

③他从体育场转出来,从街道上走了过去,像巡礼似的把城里的主要地方都转悠了一遍,最后才爬上东岗。(路遥《人生》)

二　有因才有果——因果关联词

2000 年,香港歌星谢霆锋一首《因为爱,所以爱》唱响大江南北,并成功入选当年的十大金曲,"因为爱,所以爱"这个极富表现力,极具个性的表述为广大年轻人所喜爱。由此衍生的"'因为 A,所以 A'体"也在年轻人之间广为流传……

"因为爱,所以爱"这个极具个性的表述,从语言学角度来分析,是一个非常典型的表示因果关系的句子。

所谓因果关系,是指一个或几个分句作为前提或原因,另一个或几个分句说明在这个或这些原因或前提下产生的推论或结果。分句间的这种关系就叫做因果关系。因果关系一般可以分为两种类型：

（一）说明性因果关系

前行分句用已知的事实指出这是导致后句事实的原因，后续分句则引出某种必然的结果，常见的关联词语有：

1. 因为

叙述已经实现或已经证实的事，表示原因或理由。"因为"所连接的原因分句既可以位于结果分句前，也可以位于结果分句后。例如：

①真正的友情因为不企求什么不依靠什么，总是既纯净又脆弱。（余秋雨《关于友情》）

②就连茂宜岛一万英尺的高山顶上，都生长着一种名为银剑草的花朵，据说那花冰清玉洁，六十年开一次，开花的时候，人不能靠近，因为人体所散发的温度，会使花朵凋谢。（张抗抗《花海》）

③江南多雨，尤其是阴雨绵绵的梅雨季节。因为有了这扇天窗，更让我感受到万般雨意千般诗情。（江南月《天窗》）

④他数过，从宿舍到教室是 524 步，从教室到图书馆是 303 步。因为他老是低着头。（贾平凹《我的大学》）

有时还可以在"因为"前加"正"，起强调作用。

⑤正因为这里有煤，气贯长虹的大动脉陇海铁路才不得不叉出一条支脉拐过本省的中部平原，把它那钢铁触角伸到这黑色而火热的心脏来。（路遥《平凡的世界》）

⑥正因为我所看到的一切在黎明与黑夜之间，在半梦半醒之间，那团月亮，才美得夺目。（迟子建《月亮，在半梦半醒之间》）

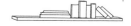

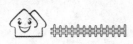

2. 因

叙述已经实现或已经证实的事,表示原因或理由。文言色彩较浓,多用于书面语。"因"所连接的原因分句一般位于结果分句后。例如:

①据史料记载,唐朝贞观年间,薛仁贵因"平辽"有功,被封为"平辽王"时,拒绝了所有贺礼,只收下平民王茂生送来的两坛清水。(《君子之交淡如水》)

②退思园,为光绪年间安徽兵备道任兰生遭贬回乡后所建的私家园林。"退思"二字取"退而思过"之意。因是戴罪思过,那园子必须得有些低头顺眉的小模样,自然是不能如同位在高官时那样张扬跋扈了,自然得打破常规,作出检省内愧的收敛状。(张抗抗《梦幻同里》)

③因有这一扇天窗,卧房里便舞动着游丝般的轻柔和温馨。母亲手摇蒲扇,缓缓地扇着,凉风便一丝丝地滑过肌体,惬意极了。(江南月《天窗》)

3. 因而

用于后续分句,承接上文所说的原因或理由,引出结果或结论。"因而"后一般不停顿。例如:

①它的汁液还可治疗外伤、贫血、浮肿、肺结核、湿疹、关节炎、膀胱炎、肾结石、痔疮、眼疾,均有特别的功效,因而被广泛应用于医药工业。(刘芳《走进白桦林》)

②有不少人、甚至很多人并非为了自己的感觉,而是为了他人的观瞻而建设自己的人生与生活。因而窥察别人的生活与家庭,便成了我们生活的另一部分。(王安忆《关于幸福》)

③所有这些都给孙少平精神上带来了从未有过的满足。他现在可以用比较广阔一些的目光来看待自己和周围的一些事物,因而对生活增加了一些自信和审视能力。(路遥《平凡的世界》)

4. 因此

用于后续分句,承接上文所说的原因或理由,引出结果或结论。因此后面可以有停顿。例如:

①成都是中国历史文化丰盈的偏仓。这里话题甚多,因此有那么多茶馆,健谈的成都人为自己准备了品类繁多的小食,把它们与历史一起细细咀嚼品尝。(余秋雨《五城记》)

②相传任兰生在同治年间官居安徽风颖六泗兵备道道台兼凤阳关监督。凤阳关监督为肥缺,凡过往商贾都要向他送红包,因此宦囊充盈,方才能在家乡同里镇上兴建这样一座显赫气派的私家宅园。(张抗抗《梦幻同里》)

③一路上,他由着牛的性子走,并不催促它,因此慢慢腾腾,三十里路走了将近一个上午。(路遥《平凡的世界》)

5. 由于

叙述已经实现或已经证实的事,表示原因或理由。多用于书面语。例如:

①由于这两年农村政策的变化,个体经济有了大发展,赶集上会,买卖生意,已经重新成了庄稼人生活的重要内容。(路遥《人生》)

②接下来是演几段大戏。有的注重舞,有的注重唱。舞姿笨拙而简陋,让人想到了远古。由于头戴面具,唱出的声音低哑不清,也像几百年前传来。(余秋雨《贵池傩》)

③我已经很久没有体味这样的黑暗了。都市的夜晚,由于灯火的作祟,已没有黑暗可言了;而在故乡,我能伫立在夜晚的窗前,也完全是因为月色的诱惑。(迟子建《我对黑暗的柔情》)

别乱点鸳鸯谱——汉语关联词的准确搭配

6. 所以

用于后续分句,承接上文所说的原因或理由,引出结果或结论。"所以"后面可以有停顿。例如:

①信远斋酸梅汤成功的秘诀,是冰糖多,梅汁稠,水少,所以味浓而酽。(梁实秋《酸梅汤与糖葫芦》)

②虽说故乡,然而已没有家,所以只得暂寓在鲁四老爷的宅子里。(鲁迅《祝福》)

③这正是它的不俗处。它不为被欣赏而生长,却为着自己的特色而存在着。所以它才长得叶纯,开得花纯,楚楚的有着它的性灵。(贾平凹《访兰》)

酸梅汤

7. 以致

用在后续分句的句首,表示由于前一分句所说的原因而形成的结果。这种结果大多是不好的或说话人所不希望出现的。例如:

①学校尽管经常搞政治运动和出山劳动,但总还上一点文化课。他耽误的课太多,以致都无法弥补了。(路遥《平凡的世界》)

②他说的时候一点不像开玩笑,以致韩常新尴尬地转过头,装没听见。(王蒙《组织部来了个年轻人》)

8. 故

用于后续分句的开头,总结上文所说的原因或理由,表示结果或结论。多用于书面语。例如:

①大约潭是很深的,故能蕴蓄着这样奇异的绿;仿佛蔚蓝的天融了

一块在里面似的,这才这般鲜润呀。(朱自清《绿》)

②女孩子天真如春风,快乐如小猫,长长的睡眠把白日的疲倦完全恢复过来,故她在月光下显得异常活跃,如一尾鱼在急流清溪里。(沈从文《月下小景》)

③"雅舍"共是六间,我居其二。篦墙不固,门窗不严,故我与邻人彼此均可互通声息。邻人轰饮作乐,咿唔诗章,喁喁细语,以及鼾声、喷嚏声、吮汤声、撕纸声、脱皮鞋声,均随时由门窗户壁的隙处荡漾而来,破我岑寂。(梁实秋《雅舍小品》)

9. 因为……所以……

"因为"用于前行分句,引出原因或前提;"所以"用于后续分句,引出相应的结果或结论。例如:

①高加林因为一直对这个公社有名的滑头没有好感,所以基本上没认真听他说了些什么。(路遥《人生》)

②因为她的工作是和青少年打交道,所以衣服穿得也不像一般搞行政工作的女干部那样刻板规正。她穿的通常都是那种流行的较为自由的式样,但给人一种高雅的朴素感。(路遥《平凡的世界》)

③"君子之交淡如水",因为淡,所以不腻,才能持久。(梁实秋《谈友谊》)

④因为这石的数目暗合了一年的天数,所以在这里总会有一块正是你的生日,此园就名数生园。(梁衡《桥那边有个美丽的地方》)

有时,可以在"因为"前加"正",起到强调原因的作用。例如:

⑤可见,美德自美德,能实践的人大概不多。也许正因为风俗奢侈,所以这一项美德才有不时标出的必要。(梁实秋《说俭》)

10. 由于……因此……

"由于"用在前行分句,引出原因或前提;"因此"用于后续分句,承接上句,提出相应的结果或结论。例如:

①在这个五花八门的"联合国"里,由于河南人最多,因此公众交际语言一般都用河南话。(路遥《平凡的世界》)

②为了防范破碎,前辈们想过很多办法。一个比较硬的办法是捆扎友情,那就是结帮。不管仪式多么隆重,力量多么雄厚,结帮说到底仍然是由于对友情稳固性的不信任,因此要以血誓重罚来杜绝背离。(余秋雨《关于友情》)

③由于少平的父亲和哥哥性子都很耿直,少不了和书记顶顶碰碰,因此他们两家的关系并不怎么好。(路遥《平凡的世界》)

11. 由于……因而……

"由于"用在前行分句,引出原因或前提;"因而"用于后续分句,承接上句,提出相应的结果或结论。因而后一般不停顿。例如:

①高加林虽然出身农民家庭,也没走过大城市,但平时读书涉猎的范围很广,又由于山区闭塞的环境反而刺激了他爱幻想的天性,因而显得比一般同学飘洒,眼界也宽阔。(路遥《人生》)

②由于他们有着艰难的生存历程,加之大都在铁路和煤矿干粗活,因而形成了这种既敢山吃海喝,又能勤俭节约的双重生活方式。(路遥《平凡的世界》)

12. 由于……所以……

"由于"用于前行分句,引出原因或前提;"所以"用于后续分句,引出相应的结果或结论。例如:

①老李头说,这种蘑叫"天花板",喜欢黑沙土,大都生长在向阳的山坡上,由于蘑菇的根瘤菌多,所以周围的草和树长得又黑又壮,二三里外就能认出来。(刘芳《坝上采蘑》)

②父亲说:"娃儿,你看这山有多高?"他小时候爬过这山,由于山势陡峭,荆棘丛生,从未爬到过山顶,所以很难回答。没有经历过,怎么会知晓呢? 面对父亲的提问,他不知如何作答。(仲利民《山就那么高》)

13. 之所以……是因为……

"之所以"用在前行分句,引出某种行为或判断;"是因为"用于后续分句,引出某种原因或判断的依据。由果溯因,强调原因的作用更明显了。例如:

①少平从地上站了起来,说:"王大哥,能不能在你家买一两毛钱的醋?"他之所以这么直截了当,是因为他看出这是一个普通劳动者的家庭,不必转弯抹角。他从孩子嘴里知道他姓王。(路遥《平凡的世界》)

②北平"酸梅汤"之所以特别好,是因为使用冰糖,并加玫瑰、木樨、桂花之类。(梁实秋《北平的零食小贩》)

③爱的反义词也不是恨。一个心中没有爱的人,他对什么都不在乎,也就不会恨什么。之所以爱憎分明,是因为有执著的爱,有鲜明的价值取向。(周国平《爱的反义词》)

有时候,"之所以"或"是因为"也可以单独使用。

④他蹲在屋檐下,一边往嘴里扒拉饭,一边在心里猜测:她之所以常常最后来取饭,原因大概和他一样。(路遥《平凡的世界》)

⑤我之所以喜欢苦瓜,最初的原因就是它里面的瓤和籽格外吸引我。(肖复兴《苦瓜》)

⑥再后来,便很难见到苦瓜瓤和籽鲜红欲滴的时候了,是因为再等

不到那时候了。（肖复兴《苦瓜》）

14. 之所以……因为……

"之所以"用在前行分句,引出某种行为或判断;"因为"用于后续分句,引出某种原因或判断的依据,由果溯因。"因为"前面一般会有其他的修饰词。例如:

①在现实生活中,爱转化为恨的事例更是司空见惯,而这种转化之所以可能,就是因为两者原是同一种激情的不同形态。（周国平《爱的反义词》）

②孩子们之所以在我的身旁跳着、跑着,尖声地打着唿哨,多半因为这对他们来说,是一种有趣的游戏。（张洁《挖荠菜》）

③他在给我的来信中真诚地表达了他的感激之情,他说:"我之所以能有今天,都是因为您的那一次'拒绝',拯救了一颗即将跌落山谷的尊严的心。"（朱成玉《不想拆掉你的翅膀》）

15. 之所以……是由于……

"之所以"用在前行分句,引出某种行为或判断;"是由于"用于后续分句,引出某种原因或判断的依据。由果溯因,强调原因。例如:

①有人说北平人之所以特别馋,是由于当年的八旗子弟游手好闲的太多,闲就要生事,在吃上打主意自然也是可以理解的。（梁实秋《北平的零食小贩》）

②书籍之所以会深深地嵌进我们的血肉和骨髓里,紧密地成为我们

书籍是我们生命的一部分

生命的一部分,是由于父母从小就以"身教"的方式让我们知道,书籍是精神"永远的伊甸园"。(尤今《追寻书籍的味道》)

16. 幸亏……否则(要不)……

"幸亏"用在前行分句,表示避免某种不良后果的原因;"否则(要不)"用于后续分句,引出某种不良后果。例如:

①裤子显然是前两年缝的,人长布缩,现在已经短窄得吊在了半腿把上,幸亏袜腰高,否则就要露肉了。(路遥《平凡的世界》)

②幸亏俊海在单位上人缘好,要不金波的临时工也怕干不了几天,就让单位上打发了。(路遥《平凡的世界》)

③"你不记得了?今天是我外爷的生日,六十五大寿,不摆一桌还行?我妈让我来叫你快回去吃饭。幸亏我赶来了,要不你把这碗土豆块早吃光了。快走吧!"晓霞催她说。(路遥《平凡的世界》)

(二)推论性因果关系

以一定的事实或知识前提作为根据或理由,预测、推论出一种新的结果。常见的关联词语有:

1. 可见

用于后续分句中,表示推论的结果。例如:

①谁也没有想到,从企盼友情开始的人生,却被友情拥塞到不知自己是什么人。川端康成自杀时的遗言是"太拥塞了",可见拥塞可以致命。(余秋雨《关于友情》)

②莫高窟对面,是三危山。《山海经》记,"舜逐三苗于三危"。可见,它是华夏文明的早期屏障,早得与神话分不出界限。(余秋雨《莫高窟》)

別乱点鸳鸯谱——汉语关联词的准确搭配

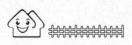

③长江上的人都知道:"泄滩青滩不算滩,崆岭才是鬼门关。"可见其凶险了。(刘白羽《长江三峡》)

2. 既然……就……

"既然"用于前行分句,提出理由或事实;"就"用于后续分句,引出由此推得的结论或结果。例如:

①"人有旦夕祸福",既然生而为人,就得有承受旦夕祸福的精神准备和勇气。至于在社会上的挫折和失利,更是人生在世的寻常遭际了。(周国平《习惯于失去》)

②我们屋后有半亩隙地。母亲说:"让它荒芜着怪可惜,既然你们那么爱吃花生,就辟来做花生园罢。"(许地山《落花生》)

③既然种子已经回报了汗水,我们就有权沉浸幸福。(毕淑敏《提醒幸福》)

3. 既然……那(那么)……

"既然"用于前行分句,提出理由或事实;"那(那么)"用于后续分句,承接上文,引出结果。例如:

①江月蓉矜持地说:"无论从哪个方面说,我都不配做你的朋友,既然方总看得起,那就算我高攀了吧。"(杨建伟《突出重围》)

②唐先生亲自对我妈说:"你既然那么爱你的姑娘,望她做她那个没有儿子的父亲的一个有出息的女儿,那么,你得送她读书了。"(田汉《苏州夜话》)

③田福堂听了这些事,才开始动心了。他说:"既然人家这么诚心实意,那这事你就看着办吧! 我信得过你们!"(路遥《平凡的世界》)

4. 既然……也……

"既然"用于前行分句,提出理由或原因;"也"用于后续分句,承接上文,推出结论。例如:

①这儿应该有几声胡笳和羌笛的,音色极美,与自然浑和,夺人心魄。可惜它们后来都成了兵士们心头的哀乐。既然一个民族都不忍听闻,它们也就消失在朔风之中。(余秋雨《阳光雪》)

②佛教主张"无我",既然"我"不存在,也就不存在"我的"这回事了。无物属于自己,连自己也不属于自己,何况财物。明乎此理,人还会有什么得失之患呢?(周国平《习惯于失去》)

③事儿既然摊到头上了,也只能往开了想是不?(梁晓声《疲惫的人》)

三　在假设条件下才会出现的结果
——假设关联词

她是中国第一代女性建筑学家,被胡适誉为中国一代才女。

她是中华人民共和国国徽设计的参与者,是人民英雄纪念碑的设计者之一,是传统景泰蓝工艺的拯救者。

她是一个聪慧的女子,让徐志摩怀想了一生,让梁思成宠爱了一生,让金岳霖默默地记挂了一生,更让世间形色男子仰慕了一生。

她,就是林徽因。

《你若安好便是晴天——林徽因传》,也许是后人对这个奇女子最好的追思和怀念。

"你若安好便是晴天"这个句子,从句法上分析,是一个表示假设关系的复句。

所谓假设关系,是指前行语言单位提出一个假设的原因或情况,后续语言单位依据前面的假设推断出结果。假设关系一般可以分为两类:

别乱点鸳鸯谱——汉语关联词的准确搭配

（一）假设与结果相一致的假设关系

假设与结果是充分条件的关系,如果有这个条件,就一定会产生这一结果。常见的关联词语有:

1.如果……那么……

"如果"用在前行分句,引出假设的原因或情况;"那么"用于后续分句,承接上文,推出结果或结论。例如:

①如果想在有生之年做一点什么事,学一点什么学问,充实自己,帮助别人,使生命成为有意义,不虚此生,那么就不可浪费光阴。(梁实秋《时间即生命》)

②有人认为读书生智慧。不错,人的智慧在读书中会得到启迪,经常读书会使人更睿智,这是不争的事实。读书也有"度"。书不可不读,书又不可滥读。书,不可不信,又不可全信,如果死读书,读死书,那么"尽信书不如无书"。(《凡事皆有度》)

③如果仅仅为了听佛教故事,那么它多姿的神貌和色泽就显得浪费。如果仅仅为了学绘画技法,那么它就吸引不了那么多的游客。(余秋雨《莫高窟》)

④孤独者和恨者都是会爱的,冷漠者却与爱完全无缘。如果说孤独是爱心的没有着落,恨是爱心的受挫,那么,冷漠就是爱心的死灭。(周国平《爱的反义词》)

2.如果……那……

"如果"用在前行分句,引出假设的原因或情况;"那"用于后续分句,承接上文,推出结果。例如:

①那么读什么书呢? 这就要看各人的兴趣和需要。在学校里,如果

能在教师里遇到一两位有学问的,那是最幸运的事,他能适当地指点我们读书的门径。(梁实秋《漫谈读书》)

②父亲依然不紧不慢地喝一口茶,道,如果他真是一个常占便宜的人,那你这钱,丢了也没有关系,能够用钱测出一个人的深浅,并在以后的路上,尽可能地远离这样的人,不是更好吗?(安宁《轻放》)

③月亮什么也没有。也许,她正是为了排解寂寞,才不停地围绕着地球旋转的吧?如果是这样,那她的寂寞就更加让人心疼了。(汪建中《寂寞的月亮》)

3. 如果……就……

"如果"用在前行分句,表示假设的原因或情况;"就"用于后续分句,承接上文,表示上述假设实现后自然会产生的结果。例如:

①其实,归结上文,问题恰恰在于人类给友情加添了太多别的东西,加添了太多的义务,加添了太多的杂质,又加添了太多因亲密而带来的阴影。如果能去除这些加添,一切就会变得比较容易。(余秋雨《关于友情》)

②然而,如果高瞻远瞩的父母能把年幼的孩子引进文字的世界里,就等于给了他们一份终生保值的礼物。(尤今《追寻书籍的味道》)

③天南海北的看花人,依然络绎不绝地涌入洛阳城。人们不会因牡丹的拒绝而拒绝它的美。如果它再被贬谪十次,也许它就会繁衍出十个洛阳牡丹城。(张抗抗《牡丹的拒绝》)

④当然,这样的句号我也喜欢。但人生还有另一种句号。打个比方,你在一条路上走,走着走着,忽然有一种"尽头感"时,这句号就隐隐出现;如果你停下来,你足下就清晰地现出一个句号。(冯骥才《拒绝问号》)

4. 如果……便……

"如果"用在前行分句,表示假设的原因或情况;"便"用于后续分句,承接上文,表示跟假设情况相一致的结论或结果。多用于书面语。例如:

①杜鹃原是很健壮的一种鸟,比一般的鸟魁梧得多,扁嘴大口,并不特别美,而且自己不知构巢,依仗体壮力大,硬把卵下在别个的巢里。如果巢里已有了够多的卵,它便不客气地给挤落下去,孵育的责任由别个代劳了,孵出来之后,羽毛渐丰,就可把巢据为己有。(梁实秋《悲鸟》)

杜鹃

②疲倦发生的时候,如同一种会流淌的灰暗,在皮肤表面蔓延,使人整个地困顿和蜷缩起来。如果不加克服和调整,粘滞的不适,便如寒露一般,侵袭到身体的底层。我们了无热情,心灰意懒。(毕淑敏《疲倦》)

③如果躲开这些旅游者跑到更远的一些乡村的"当年酒家"里坐一坐,便能够体会到真正的维也纳音乐。(冯骥才《维也纳的灵魂:音乐与花》)

5. 如果……还……

"如果"用在前行分句,表示假设的原因或情况;"便"用于后续分句,承接上文,表示跟假设情况相一致的结论或结果。例如:

①为了不让娃娃们受苦,他几乎满年四季让这两个亲爱的小东西住在他家。这当然又给他增加了大负担,可这没有办法啊!如果这两个孩子有个好父亲,还要他操这么大的心吗?(路遥《平凡的世界》)

②我觉得读书好比串门儿——"隐身"的串门儿。要参见钦佩的老

师或拜谒有名的学者,不必事前打招呼求见,也不怕搅扰主人。翻开书面就闯进大门,翻过几页就升堂入室;而且可以经常去,时刻去,如果不得要领,还可以不辞而别,或者另找高明,和他对质。(杨绛《读书苦乐》)

③如果手中镜片有足够的放大功能,我们还可以看到奇妙的细胞结构,雪花状的或蜂窝状的,水晶状的或胞胎状的。我们还可能看到分子以及原子结构,看到行星电子绕着恒星原子核飞旋的太阳系,看到一颗微尘里缓缓推移和熠熠闪光的星云。(韩少功《另一片天空》)

6. 如果……也……

"如果"用在前行分句,表示假设的情况;"也"用于后续分句,承接上文,表示将出现跟上文类似的结果。例如:

①一张眉清目秀的脸,如果恹恹生气,我们也只好当做石膏像来看待了。(梁实秋《脸谱》)

②由于花是空心的,茎也是空心的,在风中格外地柔软摇曳,再加上叶子是那么绿,如果拿来作为瓶花,也不会输给其他的名花吧!(林清玄《空心看世界》)

7. 若

用在前行分句,表示假设的原因或情况;后续分句引出与假设一致的结果。多用于书面语。例如:

①那树皮洁白嫩滑,若用手剥开,像纱一样裹了一层又一层,直至玉体。(刘芳《走进白桦林》)

②这是 8 年前的旧事。那年,刚刚过完 40 岁的生日,突然生出一种莫名的思乡之情。这种感情很强烈,近乎一种烧燎,若不回故乡住上一段日子,心里难以平静下来。(凹凸《故乡的滋味》)

8. 若……便……

"若"用在前行分句,表示假设的原因或情况;"或"用于后续分句,承接上文,引出与假设一致的结果。多用于书面语。例如:

①读书若没有高尚的境界,便不免要落到"为人"的俗套里,即使读了书,也不能致用,致知,即用不到正地方和一知半解而已。(《读书的境界》)

②祖父若问:"翠翠,你在想什么?"她便带着点儿害羞情绪,轻轻地说:"看水鸭子打架!"(沈从文《边城》)

③和风吹送,翻起了一轮一轮的绿波,——这时你会真心佩服昔人所造的两个字"麦浪",若不是妙手偶得,便确是经过锤炼的语言的精华。(茅盾《白杨礼赞》)

9. 若……就……

"若"用在前行分句,表示假设的原因或情况;"就"用于后续分句,承接上文,表示前面的假设实现后,结果自然会怎么样。例如:

①诚恳坦然地承认奋斗后的失败,成功后的失落,我们只会更沉着。中国人若要变得大气,就不能再把所有的废墟驱逐。(余秋雨《废墟》)

②炝活虾,我无福享受。我只能吃油爆虾、盐焗虾、白灼虾。若是嫌剥虾壳麻烦,就只好吃炒虾仁、烩虾仁了。(梁秋实《水晶虾球》)

③有些乞丐挡住你的路,展示他们的残疾和可怕,吓得你不得不甩钱。几个人同行,若你袖手而过,就显出小气和不仁,压力也挺大啊。(毕淑敏《坦然走过乞丐》)

10. 若……那(那么)……

"若"用在前行分句,引出假设的原因或情况;"那(那么)"用于后

续分句,承接上文,推出结果或结论。例如:

①童稚的心灵,透过那一方小小的天窗,遐想着偌大的夜宇舞起了巨幅绸缎,若是裁剪一匹让母亲为我做新衣裳,那有多好呀。想着想着,雨滴水润润,湿漉漉,仿佛倏的一下钻进我的心里蔓延开来。(江南月《天窗》)

②若运用小小的机智,打破眼前小小的窘僵,获得精神上小小的胜利,因而牺牲一点点真理,这也算是说谎,那么,女人确是比较善于说谎的天才。(梁实秋《女人》)

11. 若……则……

"若"用在前行分句,引出假设的原因或情况;"则"用于后续分句,承接上文,说明会出现的结果或结论。多用于书面语。例如:

①我们若能养成一种利用闲暇的习惯,一遇空闲,无论其多么短暂,都利用之做一点有益身心之事,则积少成多必有所成。(梁实秋《养成好习惯》)

②凡是不大开口的人总是令人莫测高深;口边若无遮拦,则容易令人一望到底。(梁实秋《谈话的艺术》)

③若溯流而上,则三丈五丈的深潭可清澈见底。(沈从文《边城》)

12. 假如

"假如"用在前行分句,表示假设的原因或情况;后续分句叙述跟前面假设情况相一致的结果或结论。例如:

①假如轮回之说不假,下世侥幸依然投胎为人,很少男人情愿下世做女人的。他总觉得这一世身为男身,而享受未足,下一世要继续努力。(梁实秋《男人》)

②假如没有趵突泉,济南会失去它一半的魅力。(老舍《趵突泉》)

趵突泉

13.假如……便……

"假如"用在前行分句,表示假设的原因或情况;"便"用于后续分句,承接上文,得出结果或结论。例如:

①有人说女人喜欢说谎,假如女人所捏撰的故事都能抽取版税,便很容易致富。(梁实秋《女人》)

②市场依据本身规律运行。假如没有规律,市场便会无所适从,市场亦会消失于无形。

14.假如……则……

"假如"用在前行分句,表示假设的原因或情况;"则"用于后续分句,承接上文,说明会出现的结果或结论。多用于书面语。例如:

①这孩子假如平时受惯了不兑现的体罚,威吓,则这专家亦将无所施其技了。(梁实秋《孩子》)

②假如见解正确,则受其指导的行为,必然也趋于正规。(贺麟《乐观与悲观》)

15.假如……就……

"假如"用在前行分句,表示假设的原因或情况;"就"用于后续分句,承接上文,表示前面的假设实现后,结果自然会怎么样。例如:

①落后就要挨打,贫弱必被宰割。100 年前假如中国强大,台湾就不会被强占。台湾与祖国大陆的命运是紧紧连结在一起的。

②人的智慧与其说是教育的结果,不如说是经历的产物。一个人,假如很少接触社会,就不可能对社会有一个明晰的了解,更谈不上对社会各种力量的研究与运用。

16. 假如……那(那么)……

"假如"用在前行分句,表示假设的原因或情况;"那(那么)"用于后续分句,承接上文,说明会出现的结果或结论。例如:

①"赏识"说白了只是一种看法,就像是赏花一样,要你长得好才行,假如你枯了、萎了,那看法也是会变化的。

②假如你打算继续学习,那么崇高的目标和高度的热情将最有助于你持之以恒,学有所成。

17. 倘若

用于前行分句,表示假设的原因或情况;后续分句明确表示结果。例如:

①倘若流落在他乡异地,生活的一切都将失去生活保障,得靠自己一个人去对付冷酷而严峻的现实了……(路遥《平凡的世界》)

②心上的草,倘若任其乱生,最后蓬蓬然、森森然,以致失却了萋萋青翠、淡淡雅香,纠结、芜秽、枯黄、腐臭,那当然很糟糕,不过,绝大多数正常的少男少女,他们心上的草是不会乱长到那般地步的。(刘心武《心上的草》)

18. 倘若……那(那么)……

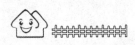

"倘若"用在前行分句,引出假设的原因或情况;"那(那么)"用于后续分句,承接上文,推出结果或结论。例如:

①倘若说恋人的表情是人类延续不灭的象征,那么,起点上的表情便是人类进取突破的希望。(刘心武《起点之美》)

②倘若我在这种时候离开这支部队,那将是对军人称号的最大玷污。(李存葆《高山下的花环》)

19. 倘若……便(就、则)……

"倘若"用在前行分句,引出假设的原因或情况;"便(就、则)"用于后续分句,承接上文,推出结果或结论。例如:

①倘若没有在大起大落大悲大喜的人生道路上历经沉浮,便难以形成真正幽默的人生态度。(徐桐《说话幽默》)

②倘若有人当时就想喝一口祖父葫芦中的酒,这老船夫也从不吝啬,必很快地就把葫芦递过去。(沈从文《边城》)

③倘若与会者人数众多,则采取分组讨论方式进行。

20. 要(要是)……便……

"要(要是)"用在前行分句,表示假设的原因或情况;"便"用于后续分句,承接上文,推断出结果或结论。例如:

①对于一个刚由伦敦回来的人,像我,冬天要能看得见日光,便觉得是怪事。(老舍《济南的冬天》)

②对于一个在北平住惯的人,像我,冬天要是不刮风,便觉得是奇迹。(老舍《济南的冬天》)

21. 要是……就……

"要是"用在前行分句,表示假设的原因或情况;"就"用于后续分句,承接上文,推断出结果或结论。例如:

①然而玄武湖边的城墙,要是有人主张把他拆了,我就不赞成。(叶圣陶《游了三个湖》)

②我要是回到咱地区,等工作定下来,就准备回咱村子一趟,看望你们。(路遥《人生》)

③女大夫会不会去看电影呢?但愿她没去!不过,即使去了,他也要立在她家门口等她回来。要是今晚上找不到她,一切就为时过晚了——明天八点钟就要复查。(路遥《平凡的世界》)

22. 要是……那(那么)……

"要是"用在前行分句,表示假设的原因或情况;"那(那么)"用于后续分句,叙述跟前面假设情况相一致的结果或结论。例如:

①秀莲心里也这样想过:要是她和少安两个人单另过光景,那他们就会成为村里的上等家户。他们两个劳力,再加上她娘家的补贴,日子会过得红红火火。(路遥《平凡的世界》)

②要是新疆那时候也和"口里"一样,把寻活路的人都当成"流窜犯"光认纸条条不认人才,那么,现在好些地方还是戈壁滩哩!(张贤亮《肖尔布拉克》)

③当然,他有时也闪现出这样的念头:我要是能和亚萍结合,那我们一辈子的生活会是非常愉快的。(路遥《人生》)

别乱点鸳鸯谱——汉语关联词的准确搭配

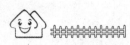

23.要不是……也……

"要不是"用在前行分句,表示假设性否定;"也"用于后续分句,表示另一种假设情况下会出现类同的结果。例如:

宋太祖像

①要不是我自己受誓言的约束,我也想立刻就回到父母身边去,但……我不能够!(梁晓声《这是一片神奇的土地》)

②酒过几巡,宋太祖命令在旁侍候的太监退出。他拿起一杯酒,先请大家干了杯,说:"我要不是有你们帮助,也不会有现在这个地位。但是你们哪儿知道,做皇帝也有很大难处,还不如做个节度使自在。"

24.要不是……还……

"要不是"用在前行分句,表示假设性否定;"还"用于后续分句,推断出结果或结论。例如:

①新近她又立了功——要不是她,韩老五还抓不回来呢。(周立波《分马》)

②要不是你的勇气鼓舞我,我还下不了决心哩!(黄亦波《爬天都峰》)

25.要不是……就……

"要不是"用在前行分句,表示假设性否定;"就"用于后续分句,推断出否定后结果或结论。例如:

①要不是老朋友,我早就把电话挂了。(沙叶新《陈毅市长》)
②要不是我叫他,他也许就又走了。(老舍《月牙儿》)

26. 万一

表示可能性较小的假设。位置可在前,也可在后。例如:

①临进村子时,他为了使自己的心情平静下来,想在什么地方坐一坐。公路边不合适,万一村里有人看见他黑天半夜坐在野地里,会乱猜测的。(路遥《平凡的世界》)

②那铁栅栏门"哗啦"一开,人们排山倒海压上船来。万一有人被裹挟在里面摔倒了,那他再也不可能站起来了。(池莉《烦恼人生》)

27. 万一……便……

"万一"用在前行分句,表示可能性较小的假设;"便"承接上文,得出相应的结果。例如:

①据他说,如果他没记错,那么穿过这堵煤壁便是伪满时的采空区。万一能穿过这片采空区,便可以找到一个自然通风井,万一那风井没完全塌掉,也许可以爬到地面上去。(孙少山《八百米深处》)

②我在沪上,半年来已经饱受了这种冷眼,到现在,万一家里容我,便可回家永住。(郁达夫《还乡记》)

28. 万一……就……

"万一"用在前行分句,表示可能性较小的假设;"就"承接上文,表示上述假设实现后自然会产生的结果。例如:

①天亮着呢,万一那个大嘴巴看见你和我走在一起,明天就传遍了。(阎真《曾在天涯》)

别乱点鸳鸯谱——汉语关联词的准确搭配

②再说她万一在外头搞什么活动,乐珺蒙在鼓里,将来连累就大了。(宗璞《弦上的梦》)

(二)假设与结果不一致的假设关系

先行分句先承认某一假定的事实,后续分句得出跟这一假设恰好相反的结果。常见的关联词语有:

1. 即使……也……

"即使"用在前行分句,表示先承认某种假设为事实;"也"用于后续分句,强调结果不受上述情况影响。例如:

①人活着,这种亲人之间的感情是多么重要,即使人的一生充满了坎坷和艰辛,只要有这种感情存在,也会感到一种温暖的慰藉。(路遥《平凡的世界》)

②在他看来,即使从欣赏的角度来说,庄稼比之名花异草也有一种更为淳朴的美感。(路遥《平凡的世界》)

③即使自己没有理屈的地方,也绝不可自行夸张,务必要谦虚不遑,把自己降到一个不可再降的位置,然后骂起人来,自有一种公正光明的态度。(梁实秋《骂人的艺术》)

2. 即使……但(但是、可)……

"即使"用在前行分句,表示先承认某种假设为事实;"但(但是)"用于后续分句,引出意思相反的另一个事实。例如:

①他如数家珍般地一气给我举出十几种蘑菇的习性、形状和生长的地方。即使像1972年那样的大旱,几乎全年没下雨,但这位蘑菇王,照样采了上百斤的鲜蘑菇。(刘芳《坝上采蘑》)

②儿童做事是喜欢成功的,一个四五岁的孩子,坐在那儿画画,即使

画得不成样,但是,如果成人认真地称赞几句,他会感到非常高兴,画得更来劲。

③是的,她要远走高飞了。他再一次认识到,即使她和他近在咫尺,可他们之间相隔的距离却永远是那么遥远。(路遥《平凡的世界》)

3. 即使……还(还是)……

"即使"用在前行分句,表示先承认某种假设为事实;"还(还是)"用于后续分句,引出一个客观事实,表示情况继续存在。例如:

①别了,我的青草坡,我的马兰花,我洒过欢乐和伤心泪水的地方。我将永远不会忘记这一切! 即使有一天我要远走他乡,但愿我还能在梦中再回到这里来。(路遥《平凡的世界》)

②公开的场合,它们则讥讽百合:"你不要做梦了,即使你真的会开花,在这荒郊野外,你的价值还是跟我们一样。"(林清玄《心田上的百合花》)

4. 即使……仍然……

"即使"用在前行分句,表示先承认某种假设为事实;"仍然"用于后续分句,表示不论上文的假设成立与否,结果都不变。例如:

①从这一点看,即使进入京城,我仍然是一井底之蛙,反过来说,即便我能够风光活上三辈子乃至二十辈子,同样难以做到无所不至和无所不知。(韩少功《另一片天空》)

②石像终于被岁月的淤泥掩埋,20世纪出土时,有一尊石像头部已经残缺,手上还紧握长锸。有人说,这是李冰的儿子。即使不是,我仍然把他看成是李冰的儿子。(余秋雨《都江堰》)

5. 即便……也……

"即便"用在前行分句,表示先承认某种假设为事实;"也"用于后续分句,表示无论上文的情况怎样变化,结果都相同。例如:

①像往日一样,正常投入生活吧!即便是痛苦,也应该看做是人的正常情感,甚至它是组成我们人生幸福的一个不可欠缺的部分呢!(路遥《平凡的世界》)

②越要骂他你越要原谅他,即便是说些恭维的话也不为过,这样的骂法才能显得你所骂的句句是真实确凿,让旁人看起来也可见得你的度量。(梁实秋《骂人的艺术》)

③其实,即便在没有开放的时代,上海人在对子女教育上也隐隐潜伏着一种国际性的文化要求,不管当时能不能实现。(余秋雨《上海人》)

6. 即便……还(还是、仍、仍然)……

"即便"用在前行分句,表示先承认某种假设为事实;"还(还是、仍、仍然)"用于后续分句,表示情况继续存在,不因上文所说的情况的变化而变化。例如:

①成都人京剧、越剧、秦腔都看,即便是演一个外国话剧,票房价值仍然很高。(余秋雨《五城记》)

②在坏的一方面胜过你的,你骂他就如教训一般,他即便回骂,一般人仍不会理会他的。(梁实秋《骂人的艺术》)

③和兄弟厂、区社队、街道这些关系户打交道,应交给副厂长和科长们。这也可以留有余地,即便下边的人捅了篓子,您还可以出来收场。(蒋子龙《乔厂长上任记》)

7. 哪怕……也……

"哪怕"用在前行分句,先退一步承认某种假设情况;"也"用在后续分句,承接上文,说出这个结果或结论是不变的。例如:

①从眼神中可以看出,这已经是一个有了一些生活阅历的人。尽管他只有二十三岁,哪怕你是一大把年纪而且老于世故,也要认真对付的。(路遥《平凡的世界》)

②文人总未免孤独,愿意找个山水胜处躲避起来,但文化的本性是沟通和被理解,因此又企盼高层次的文化知音能有一次聚会,哪怕是跨越时空也在所不惜,而庐山正是这种企盼中的聚会的理想地点。(余秋雨《庐山》)

③从此面对学生,我再不敢轻易看轻他们中任何一个。他们就如同乡间的那些草们,每棵草都有每棵草的花期,哪怕是最不起眼的牛耳朵,也会把黄的花,藏在叶间,开得细小而执著。(《每一棵草都会开花》)

8. 哪怕……总……

"哪怕"用在前行分句,先退一步承认某种假设情况;"总"用在后续分句,承接上文,说出这个结果或结论是不变的。例如:

①他们全家都深深热爱大救星毛主席。每年过春节,穷得哪怕什么也不买,总要买一张毛主席像贴在墙壁上。(路遥《平凡的世界》)

②哪怕风再大,天再冷,总挡不住英雄的去路。

9. 就算……也……

"就算"用在前行分句,表示让步的假设;"也"用于后续分句,表示前面的情况如何变化,结果都相同。例如:

①记住,呐喊是必须的,就算这一辈子无人听见,回声也将激荡久

远。（毕淑敏《人一辈子,该呐喊时就呐喊》）

②就算你工作很有成绩,也不应该骄傲。

③在整个荒凉而贫瘠的黄土高原,一个县的县立高中,就算是本县的最高学府吧,也无论如何不可能给学生们盖一座餐厅。（路遥《平凡的世界》）

10. 再……也……

"再"用在前行分句,提出某种假设的情况;"也"用于后续分句,表示无论上文的情况怎样变化,结果都相同。例如:

①人们多以为和城市相对应的那个词,是乡村。比如常说"城乡差别""城里人乡下人",其实乡村不过是城市发育的低级阶段。再简陋的乡村,也是城市的一脉兄长。（毕淑敏《旷野与城市》）

②如果得不到公众的承认与肯定,我们再幸福,也不幸福了,我们再快乐,也不快乐了。（王安忆《关于幸福》）

③雪花在天空舞蹈! 天空阴暗得仿佛是大地,大地晶莹得仿佛是天空。夜晚再黑,也压不过雪的白。（朱成玉《别踩疼了雪》）

雪

11. 再……总……

"再"用在前行分句,提出某种假设的情况;"总"用于后续分句,表示无论如何,结果必定是这样的。例如:

①上公共厕所,公共澡堂,弊病再多,总还有一个好处,就是可以接触群众,接触社会。（刘心武《钟鼓楼》）

②我姓杨的再困难,总还有碗饭吃,不能看着乡亲们过不去。(慕湘《晋阳秋》)

12. 纵然……也……

"纵然"用在前行分句,表示先承认某种情况为事实;"也"用于后续分句,说出跟这个假设实现了的后果恰恰相反的情况。例如:

①偶尔也有飞过的蜂蝶鸟雀,它们也会劝百合不用那么努力开花:"在这断崖边上,纵然开出最美丽的花,也不会有人来欣赏呀!"(林清玄《心田上的百合花》)

②纵然没有人说一句抱怨的话,他自己也深深地感到难过。(姚雪垠《李自成》)

13. 纵然……还是……

"纵然"用在前行分句,表示先承认某种情况为事实;"还是"用于后续分句,强调结果继续不变。例如:

①虽然我已渐渐感觉它是并不能蔽风雨,因为有窗而无玻璃,风来则洞若凉亭,有瓦而空隙不少,雨来则渗如滴漏。纵然不能蔽风雨,"雅舍"还是自有它的个性。有个性就可爱。(梁实秋《雅舍小品》)

②没有过硬质量的产品,纵然有天大本事,最终还是会被市场淘汰。

14. 纵使……也……

"纵使"用在前行分句,表示先承认某种情况为事实;"也"用于后续分句,说出跟这个假设实现了的后果恰恰相反的情况。例如:

①爱,就能使一个人到如此地步。一次邂逅,一次目光的交融,就是永远的合二为一,就是与上帝的契约。纵使风雨雷电,也无法分解这种

心灵的黏结。(路遥《平凡的世界》)

②可惜，空心菜是菜，总是等不到开花就被摘折，一般人总难以知道它开出来的花是那么美。纵使有一些做种的空心菜能熬到开花，人们也难以改变观点来看待它。(林清玄《空心看世界》)

15. 就是……也……

"就是"表示让步的假设；"也"表示无论前边的情况怎样，结果都相同。例如：

①当年他为自己弟弟办事，在那么困难的年月里，都咬着牙办得有声有响，体体面面；现在为自己的孩子办事，那就是拼着老命，也不能让世人笑话。(路遥《平凡的世界》)

②再这样挨个儿去找老朋友，就是走破了脚，你也不会找到一个的。(奥斯特洛夫斯基《钢铁是怎样炼成的》)

③加林硬不让老景去，而要求老景让他去。他对老景说，他第一次出去搞工作，这正是一个考验，就是稿子写不好，他也可以把材料收集回来让老景写。景若虹只好同意了。(路遥《人生》)

四　条件具备方可成功
——条件关联词

自宋代以来，竹被誉为梅、兰、竹、菊"四君子"之一。它，虚心而刚直，挺拔而常青，历来被人们看作高洁、正直、坚韧、顽强的象征。清代"扬州八怪"之一的郑燮(郑板桥)以画竹著称，对竹情有独钟，他的诗歌《竹石》广为流传，历来被看作咏竹的佳作。

咬定青山不放松，立根原在破岩中。

千磨万击还坚劲，任尔东西南北风。

这首诗着力表现了竹子那顽强而又执著的品质。颈联和尾联"千磨万击还坚劲,任尔东南西北风"说的是"不管是酷暑的东南风,还是严冬的西北风,它都能经受得住,还会依然坚韧挺拔,顽强地生存着"。尤其是一个"任"字,非常形象地表现了竹子无畏无惧、慷慨潇洒、积极乐观的精神面貌。

从语言学角度来分析,"千磨万击还坚劲,任尔东南西北风"是一个表示条件关系的复句。

所谓条件关系,是指前行分句提出一个或几个条件,后续分句承接上文,说明在条件成立的情况下所产生的结果。一般可以分为以下几类:

郑板桥笔下的"竹石"

(一)充分条件关系

前行分句说的是充足条件,满足了这个条件,就会产生后续分句的结果。常见的关联词语有:

1. 只要

用于引出充分的条件。例如:

①太阳是不大懂得养生的,只要它出来,永远圆圆着脸,没心没肺地笑。月亮呢,它修行有道,该圆满时圆满着,该亏的时候则亏。(迟子建《月亮,在半梦半醒之间》)

②只要儿子能活下去,哪怕自己去死也行。(史铁生《我与地坛》)

③只要人们愿意,他们还可以自立宪法,发动革命,在细胞、分子、原子的世界里任意创建共和国。(韩少功《另一片天空》)

2. 只要……就……

"只要"用在前行分句,表示具备某条件;"就"用在后续分句,表示肯定产生某结果。例如:

①是的,这里的每一种收获,都将全部属于自己。只要能切实地收获,劳动者就会在土地上产生一种艺术创作般的激情……(路遥《平凡的世界》)

②天星桥的美就美在你突然发现世界上的风景还有这样一种美。只要你一走进这个景区,就一步一吃惊,一步一回头。(梁衡《桥那边有个美丽的地方》)

3. 只要……便……

"只要"用在前行分句,表示具备某条件;"便"用在后续分句,表示肯定产生某结果。例如:

①令人愉快的脸,其本身是愉快的,这与老幼妍媸无关。丑一点、黑一点、下巴长一点、鼻梁塌一点,都没关系,只要上面漾着充沛的活力,便能辐射出神奇的光彩,不但有光,还有热,这样的脸能使满室生春,带给人们兴奋、光明、调谐、希望、欢欣。(梁实秋《脸谱》)

②只要是农民自造的新屋,便立即浑身吐艳,与大地抱在一起,亲亲热热。(余秋雨《贵池傩》)

4. 只要……都(那么)……

"只要"用在前行分句,表示具备某条件;"都(那么)"用在后续分句,表示肯定产生某结果。例如:

①只要历史不阻断,时间不倒退,一切都会衰老。老就老了吧,安详地交给世界一副慈祥美。(余秋雨《废墟》)

②城门吞吐岁月,城门目睹兴衰,只要他们肯开口,每一座城门都会为你讲出一肚子的故事。(宋晓梦《访西安古城墙》)

③只要我不倒下,那么,我一定把大家带出这片森林。(邓贤《大国之魂》)

5. 只要……也……

"只要"用在前行分句,表示具备某条件;"也"用在后续分句,表示肯定产生某结果。例如:

①唉,饿就饿吧!只要她和亲爱的人在一起,饿肚子心里也是畅快的。(路遥《平凡的世界》)

②有时候,只要把心胸敞开,快乐也会逼人而来。这个世界,这个人生,有其丑陋的一面,也有其光明的一面。良辰美景,赏心乐事,随处皆是。(梁实秋《快乐》)

6. 只要……总……

"只要"用在前行分句,表示具备某条件;"总"用在后续分句,表示肯定产生某结果。例如:

①只要一家子齐心干,光景总会好过的。(康濯《我的两家房东》)

②我安慰她说:"我看你爹是故意闹别扭,只要你们真心相爱,迟早总会达到目的。"(马烽《结婚现场会》)

7. 一旦

表示具备了某种条件,结果必然随之出现。例如:

①一个有文化有知识而且爱思考的人,一旦失去了自己的精神生活,那痛苦是无法言语的。(路遥《平凡的世界》)

②人生活在"度"中。人最大的追求是自由。一个人一旦失去了自由,他还有幸福和快乐可谈吗? 他还可能有所作为吗?(《凡事皆有度》)

③一旦他认为条件成熟需要干一气,他一把把事情抓在手里,教育这个,处理那个俨然是一切人的上司。(王蒙《组织部来了个年轻人》)

8. 一旦……就……

"一旦"用于前行分句,表示具备了某种条件,"就"用于后续分句,表示结果必然随之出现。"就"有"一定"的意思。例如:

①在她这样的年龄,一旦内心真正产生了爱情的骚动,平静的内心和有规律的生活就一去不复返了。(路遥《平凡的世界》)

②我想,友情一旦被捆扎,就已开始变质,因为身在其间的人谁也分不清伙伴们的忠实有多少出自内心,有多少出自帮规。(余秋雨《关于友情》)

③不管他怎么劳累,一旦进了这个小小的天地,浑身的劲就来了。有时简直不是在劳动,而是在倾注一种热情。(路遥《平凡的世界》)

9. 一旦……便……

"一旦"用于前行分句,表示具备了某种条件,"便"用于后续分句,表示结果必然随之出现。例如:

①人的天性大致是差不多的,但是在习惯方面却各有不同,习惯是慢慢养成的,在幼小的时候做容易养成,一旦养成之后,想要改变过来便不容易。(梁实秋《养成好习惯》)

②事实上世界里还是有朋友的,不过虽然无需打着灯笼去找,确是像沙里淘金而且还需要长时间去洗炼。一旦真铸成了友谊,便会金石同坚,永不退转。(梁实秋《谈友谊》)

③一旦精神上再受刺激，便忍无可忍，一腔悲怨天然的化做一把把的鼻涕眼泪，从"安全瓣"中汩汩而出，腾出更多的心房，再来接受更多的委屈。(梁实秋《女人》)

10. 越(越是)……越(越是)……

表示条件和结果的倚变关系，后面的结果随着前面的条件的变化而变化。例如：

①再者骂人的时候，最好不要加入以种种难堪的名词，称呼起来总要客气，即使他是极卑鄙的小人，你也不妨称他先生，越客气，越骂得有力量。(梁实秋《骂人的艺术》)

②上沙山实在是一项无比辛劳的苦役。刚刚踩实一脚，稍一用力，脚底就松松地下滑。用力越大，陷得越深，下滑也越厉害。(余秋雨《沙原隐泉》)

③软软的细沙，也不硌脚，也不让你磕碰，只是款款地抹去你全部的气力。你越发疯，它越温柔，温柔得可恨之极。(余秋雨《沙原隐泉》)

11. 愈……愈……

表示条件和结果的倚变关系，后面的结果随着前面的条件的变化而变化。多用于书面语。例如：

①声音渐渐地凝结在一起，愈凝愈厚，好像成了一大块实在的东西。(巴金《秋夜》)

②譬如饮食，不消化的东西积得愈多，愈易酿成肠胃病。(朱光潜《谈读书》)

(二)必要条件关系

前行分句说出的是必要条件，不满足这个条件，就不会产生后续分

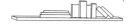

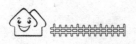

句所说的结果。常见的关联词语有：

1. 只有

一般用于前行分句，表示唯一条件；后续分句说明在这唯一条件下产生的结果或结论。例如：

①只有乙菜各班都用烧瓷大脚盆盛着，海海漫漫的，显然大部分人都吃这种既不奢侈也不寒酸的菜。（路遥《平凡的世界》）

②只有大胆地破釜沉舟地跟他们拼，还许有翻身的那一天。（曹禺《日出》）

2. 只有……才……

"只有"用在前行分句，引出唯一的条件；"才"用于后续分句，说明在这唯一条件下产生的结果或结论。例如：

①他在家里胡乱吃喝一点，就又投身轰轰烈烈的革命运动中去了。只有在这社会的大风大浪中，他才把饿肚子放在一边，精神上享受着一种无限的快活。（路遥《平凡的世界》）

②人之天性，只有饱尝艰苦的人，才知道以无逸为戒。（梁实秋《代沟》）

③这个实验让我深深地吃惊，感觉到阳光的神奇，究竟为什么只有晒到阳光的谷子才有香味呢？年轻的农夫说他也不知道，是偶然在翻稻谷晒太阳时发现的。（林清玄《光之香》）

3. 只有……才会（才能）……

"只有"用在前行分句，引出唯一的条件；"才会（才能）"用于后续分句，说明在这唯一条件下产生的结果或结论。例如：

①只有书籍，才能让这么悠远的历史连成缆索，才能让这么庞大的

人种产生凝聚,才能让这么广阔的土地长存文明的火种。(余秋雨《风雨天一阁》)

②只有举行盛大的庙会,才会出现这种景象。(余秋雨《老屋窗口》)

③我感激这只勇敢的蜜蜂,它用一场壮烈的牺牲,唤起了我的疼痛感,唤起了我对黑暗的从未有过的柔情。只有这干干净净的黑暗,才会迎来清清爽爽的黎明啊。(迟子建《我对黑暗的柔情》)

(三)周遍条件关系

前行分句中使用具有周遍性(指所说没有例外)意义的形式提出某个范围内的所有条件,后续分句说出这个范围内的所有情况都只有一个相同的结果。常见的关联词语有:

1. 不管(不论、无论)

表示不受任何条件限制。例如:

①如果少安没有结婚,不论有多少人进攻,她感情的阵地仍然会固若金汤。想不到,她在前方的战壕里拼命抵挡,但她为之而战的后方却自己烧成一片火海……(路遥《平凡的世界》)

②那些永远折腾在功利世界上的人,那些从来不谙思考、阅读、艺术欣赏、精神创造等心灵快乐的人,他们是怎样辜负了上天的赐予啊,不管他们多么有钱,他们是度过了怎样贫穷的一生啊。(周国平《善良丰富高贵》)

③白天,她要去街道清扫马路,就把儿子丢给热心的邻居,小男孩不哭不闹。常常见小男孩一个人,在妈妈回家的路口一直等着,无论严寒酷暑。(方益松《母爱的颜色》)

2. 不管（不论、无论）……都……

"不管（不论、无论）"用在前行分句,表示排除任何条件;"都"用于后续分句,表示结果或结论不变。例如:

①他慢慢懂得,人活着,就得随时准备经受磨难。他已经看过一些书,知道不论是普通人还是了不起的人,都要在自己的一生中经受许多的磨难……（路遥《平凡的世界》）

②无论从哪一种伦理学说来说,俭都是极重要的一宗美德,所谓"俭,德之共也"就是这个意思。（梁实秋《说俭》）

③壶公悬挂的一把壶里,别有天地日月。每一本书——不论小说,戏剧,传记、游记、日记,以至散文诗词,都别有天地,别有日月星辰,而且还有生存其间的人物。（杨绛《读书苦乐》）

④后来,我发现苦瓜做菜其实很好吃。无论做汤,还是炒肉,都有一种清苦味。那苦味,格外别致,既不会传染上肉或别的菜,又有一种苦中蕴含的清香和苦味淡去的清新。（肖复兴《苦瓜》）

苦 瓜

3. 不管（不论）……就……

"不管（不论）"用在前行分句,表示排除任何条件;"就"用于后续分句,表示结果必然怎样。例如:

①一个外地人来上海,不管在公共汽车上,在商店里,还是在街道间,很快就会被辨认出来,主要不是由于外貌和语言,而是这种上海文明。（余秋雨《上海人》）

②我想,不管它出现在哪里,核心只有一个,那就是老朋友们曾经在

一起时的梦想即生活,和为生活而作的创造。(王坤红《那条街,那间房子……》)

③你来信让我给孩子起名儿,我想,不论你生的是男是女,就管他(她)叫"盼盼"吧!(李存葆《高山下的花环》)

4.不管(不论、无论)……总(总是)……

"不管(不论、无论)"用在前行分句,表示排除任何条件;"总(总是)"用于后续分句,表示结果必然怎样。带有强烈的肯定语气。例如:

①大自然不管人世间的喜怒哀乐,总是按它自己的规律循序渐进地变换着一年四季。(路遥《平凡的世界》)

②秋天,无论什么地方的秋天,总是好的。(郁达夫《故都的秋》)

③西头的人不论老少,没事总到老槐树底下来闲坐,小孩们偶尔去老槐树底下玩一玩。(赵树理《李有才板话》)

5.除非

"除非"所在的分句表示唯一的条件。例如:

①中国历史太长,战乱太多,苦难太深,没有那一种纯粹的遗迹能够长久保存,除非躲在地下,躲在坟里,躲在不为常人注意的秘处。(余秋雨《莫高窟》)

②除非确实知道桂英和芳亮都已阵亡,这样的推测是十分合乎情理的。(姚雪垠《李自成》)

6.除非……才……

"除非"用在前行分句,从反面指出唯一的先决条件。"才"用于后续分句,表示只有在这唯一的特定条件下会产生的结果。例如:

①任何人路过那座木屋,都不会有心情去正视一眼,除非看到老人推着面摊出来,才知道那里原来还有人居住。(林清玄《常青藤》)

②除非大山崩塌,它才会随之毁灭。(张抗抗《在丘陵和湖畔,有一个人……》)

③除非对方是艺术内行或什么大人物,他在构思用意和刻法上才着意和讲究一些。(冯骥才《雕花烟斗》)

7. 除非……否则(不然)……

"除非"用在前行分句,从反面指出唯一的先决条件。"否则(不然)"用于后续分句,从反面指出失去这样的条件会产生的结果。例如:

①金波虽然不像少平那样为赚几个钱而东跑西颠,但基本上也是个揽工汉。除非让父亲提前退休,他去顶替招工,否则他永远也没有指望入公家的门。(路遥《平凡的世界》)

②除非你有本事使第二个人上当,不然,只能卖个麻雀价。(郑效农《花鸟市场》)

8. 任(任凭)

表示在任何条件下都一样。例如:

①任你到哪里,娘都去。(陈毅《归来的儿子》)

②店员叫孩子下来,孩子不听;母亲叫他下来,加倍不听;母亲说带他去吃冰激凌,依然不听;买朱古力糖去,格外不听。任凭许下什么愿,总是还你一个不听。(梁实秋《孩子》)

③看到医院拒收付不起昂贵医疗费的穷人,任凭危急病人死去,看到每天发生的许多凶杀案,往往为了很少的一点钱或一个很小的缘由夺走一条命,我为人心的冷漠感到震惊,于是我怀念善良。(周国平《善良丰富高贵》)

五　前后意思转了弯——转折关联词

钱学森先生是享誉海内外的杰出科学家,也是我国航天事业的奠基人。和卓著的科学成就及贡献同样为人们所铭记的,是钱老淡泊名利的情怀。

1958 年,钱老所著《工程控制论》一书被译成中文出版,并获国家自然科学一等奖,稿酬加上奖金,共计 1.15 万元。在一次亲自到中国科技大学力学系授课时,钱老发现,许多听课学生家庭贫困,连必备的学习用具都买不起。于是,这 1.15 万元被他悉数捐出,用于给力学系的学生买学习用具。

在"万元户"还是绝大多数人遥不可及的梦想年代,钱老已捐款上百万元。1994 年,他获得何梁何利基金奖,奖金 100 万港元;2001 年,他又获得霍英东"科学成就终生奖",奖金也是 100 万港元。据他的秘书兼学术助手涂元季回忆,这两笔奖金的支票还没拿到手,钱老就让代他写委托书,将钱捐给祖国西部的沙漠治理事业。

在将奖金捐出时,钱老说,"我姓钱,但我不爱钱。"

"我姓钱,但我不爱钱",是一个表示转折关系的复句。钱老把作为姓氏的"钱"和金钱的"钱"连用讲的这句话,新鲜、别致,而且还很幽默。

所谓转折关系,是指前行的分句说出某种意思,后续分句不是顺着前面的意思说下去,而是转到与之相对或相反的一面。转折关系的表意重心在转折部分。根据转折程度的深浅,转折关系可以分为两大类:

(一)表示重转关系

后续分句同前行分句在语义上存在明显的相反或相对关系。转折意味非常明显。常用的关联词语有:

1. 虽（虽然）

一般用于前行分句，先作让步，承认某种事实或情理；后续分句指出后面所说的事实或情理成立，不受前面所说的事实或情理的影响。"虽"多用于书面语。例如：

①他会说开心话，虽是几句平常话，从他口里说出来就能引得大家笑个不休。（赵树理《李有才板话》）

②我虽不知道它的词儿，料想它定然是一片欢愉之声，悦耳动听。（周瘦鹃《杜鹃枝上杜鹃啼》）

③厚道不是方法，虽然可以当方法训练自己。它是人的本性。厚道之于人，是在什么也没做之中做了很大的事情，契诃夫称之为"教养"。（《厚道》）

④社交的吃饭种类虽然复杂，性质极为简单。（钱钟书《吃饭》）

2. 虽（虽然）……但……

"虽（虽然）"用在前行分句，引出某种事实；"但"用于后续分句，提出跟前行分句相反或相对的事实。例如：

①他虽然没有认真地在土地上劳动过，但他是农民的儿子，知道在这贫瘠的山区当个农民意味着什么。农民啊，他们那全部伟大的艰辛他都一清二楚！（路遥《人生》）

②虽然是满月，天上却有一层淡淡的云，所以不能朗照；但我以为这恰是到了好处——酣眠固不可少，小睡也别有风味的。（朱自清《荷塘月色》）

③虽无"热笑"，但"冷笑热哈哈"一语证明笑是有热度的。（周汝昌《谈笑》）

3. 虽（虽然）……但是……

"虽（虽然）"用在前行分句，引出某种事实；"但是"用于后续分句，提出跟前行分句相反或相对的事实。例如：

①虽然打篮球别人因他个子小不给传球而让他从此兴趣殆尽，虽然他跳不过鞍马，虽然打乒乓球尽败给女生，但是，自那次献血活动中被抽去300cc血，又将血费购买了书，不久他就患了一场大病，再未恢复过来。（贾平凹《我的大学》）

②我虽然无力改变这个世界，但是起码要在我的陋室、在我的周围，尽快创造出一片新绿来，并要教育我的子孙，爱护森林，它们是人类生存的伙伴，我们从森林那里得益无穷。（刘芳《走进白桦林》）

③二妹走后，三叔虽不愿将此事对外发表，亦未深加追究，但是他在陈克家面前丢了脸，心中非常不痛快。（巴金《秋》）

4. 虽（虽然）……却……

"虽（虽然）"用在前行分句，引出某种事实；"却"用于后续分句，提出跟前行分句相反或相对的事实。"却"含强调转折的语气。例如：

①故乡，就像母亲的手掌，虽温暖，却很小很窄。它遮不了风雨，挡不住光阴，给你的只是一些缠绵的回忆……（凹凸《故乡的滋味》）

②我的家里虽然种植了许多观叶植物，我却独独偏爱木板屋后面的那片常春藤。（林清玄《常春藤》）

③妈妈分明哭过，她的眼睛红肿着。我向她道歉，说我错了，请她不要伤心了，她背过身去，又抹眼泪了。我知道自己深深伤害了她。我虽然四十多岁了，在她面前，却依然是个任性的孩子。（迟子建《龙眼与伞》）

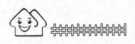

5. 虽(虽然)……但却……

"虽(虽然)"用在前行分句,引出某种事实;"但却"用于后续分句,提出跟前行分句相反或相对的事实。副词"却"强调了转折语气。例如:

①在城里吃的蘑菇,都是干巴巴的陈蘑,虽然味道也不错,但却不新鲜,很想把自己刚捡到的新蘑炒几盘尝尝鲜,但老李头说啥也不让。(刘芳《坝上采蘑》)

②当时看了遍,虽没引起什么伤感,但却打破了我自己在文学上的迷梦。(陈毅《归来的儿子》)

6. 虽(虽然)……还(还是)……

"虽(虽然)"用在前行分句,引出某种事实;"还(还是)"用于后续分句,提出跟前行分句相反或相对的事实。表示所说的动作或状态不因前行分句所说的情况而改变。例如:

①她虽已年过半百,容貌还很清秀。(宗璞《弦上的梦》)

②早上下过一阵小雨,现在虽放了晴,路上还是滑的很。(茹志鹃《百合花》)

③这人虽然脚上有点小毛病,还能泅水;走路难得其平,为人却那么公正无私。(沈从文《边城》)

7. 虽(虽然)……可(可是)……

"虽(虽然)"用在前行分句,引出某种事实;"可(可是)"用于后续分句,提出跟前行分句相反或相对的事实。例如:

①他虽然和刘立本家里的人很少交往,可是觉得刘立本的三个女儿和刘立本不大一样。她们都继承了刘立本的精明,但品行看来都比刘立

本端正。(路遥《人生》)

②那时候,我们大都没有自己的房子,虽然每个人野心勃勃地在自己的头脑中装着世界、装着巴黎,可实际情况是我们不得不十分脸红地与父母挤在一个狭小的空间里。(王坤红《那条街,那间房子……》)

③一个家,总算建成了。虽及不上她梦寐以求的那样华丽,总带着那么点她想摆脱却摆不脱的"秀气",可同她出生成长的那个乡下的家比起来,却是天差地别。(王安忆《冷土》)

④芙蓉镇街面虽小,可是一到逢圩的日子就是个万人集市。(古华《芙蓉镇》)

8. 虽(虽然)……然而……

"虽(虽然)"用在前行分句,引出某种事实;"然而"用于后续分句,提出跟前行分句相反或相对的事实。例如:

①往日同游的朋友,虽然已经云散,然而鱼翅是不可不吃的,即使只有我一个……无论如何,我明天决计要走了。(鲁迅《祝福》)

②鸟和花虽有连带关系,然而鸟有鸟名,花有花名,几乎没一个是类同的。(周瘦鹃《杜鹃枝上杜鹃啼》)

9. 虽(虽然)……也……

"虽(虽然)"用在前行分句,引出某种事实;"也"用于后续分句,表示无论前面的事实如何,后果相同。例如:

①加林此刻虽然心情不好,也为马拴这身扎眼的装束忍不住笑了,问:"你打扮得像新女婿一样,干啥去了?"(路遥《人生》)

②我倒在一个农家院外的柴堆上睡着了,虽然有冷冷的雪风吹,也睡得很好。(周立波《娘子关前》)

别乱点鸳鸯谱——汉语关联词的准确搭配

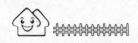

10. 尽管

表示让步兼转折,即先承认某一事实,然后说出与上文相反或相对的事。单用时常置于后续分句前。例如:

①质朴而秀美的同里,常让人思念。再思同里,却是为了那座名闻遐迩的"退思园"。为什么人们总是要待"退"时才能思过呢?尽管退而思过,当强于退而拒思者百倍,但若在"进取"时,亦能冷静检省自己,岂不是能避免更多"过错"么?(张抗抗《梦幻同里》)

②一切快乐的享受都属于精神的,尽管快乐的原因是肉体上的物质刺激。(钱钟书《论快乐》)

③第二天一早,我又一次投入人流,去探寻莫高窟的底蕴,尽管毫无自信。(余秋雨《莫高窟》)

11. 尽管……但

"尽管"用在前行分句,表示先承认某一事实,"但"用于后续分句,提出跟前行分句相反或相对的事实。例如:

①尽管张克南这些话都是真诚的,但高加林由于他自己的地位,对这些话却敏感了。他觉得张克南这些话是在夸耀自己的优越感。(路遥《人生》)

②贫困山区的农民尽管眼下大都少吃缺穿,但孩子既然到大地方去念书,家长们就是咬着牙关省吃节用,也要给他们做几件见人衣裳。(路遥《平凡的世界》)

③尽管她是一个正直善良的人,懂事,甚至也有较鲜明的个性,但并不具有深刻的思想和广阔的眼界。因此,她最终还是不能掌握自己的命运。(路遥《平凡的世界》)

12.尽管……却……

"尽管"用在前行分句,表示先承认某一事实,"却"用于后续分句,提出跟前行分句相反或相对的事实。例如:

①总而言之,上海人的人格结构尽管不失精巧,却缺少一个沸沸扬扬的生命热源。于是,这个城市失去了烫人的力量,失去了浩荡的勃发。(余秋雨《上海人》)

②是的,他又站起来了。尽管他已碰得头破血流,却再一次挣扎着迈开脚步,重新踏上了创业的征程。人,常常是脆弱的,但人又是最顽强的。(路遥《平凡的世界》)

③尽管官军看见他只剩下单人独骑,大喊着要他投降,却不敢贸然走近。(姚雪垠《李自成》)

李自成雕像

13.尽管……还(还是)……

"尽管"用在前行分句,表示先承认某一事实,"还(还是)"用于后续分句,表示所说的动作或状态不因前行分句所说的情况而改变。例如:

①他上了地畔,尽管满肚子火气,还是按照老习惯称呼这个比他大十几岁的同村人:"高大哥,你先歇一歇,我有话要对你说。"(路遥《人生》)

②尽管我们从第一面到现在,接触的时间合起来不到三个小时,我还是听出了深深关切,仿佛还有一点小时候父母才会给的娇宠。于是乖乖地转过身。(《白蝴蝶花》)

③年轻人不恋家,尽管饿着肚子,翅膀还很硬,总想扑腾扑腾往外飞。(张贤亮《肖尔布拉克》)

14.尽管……可……

"尽管"用在前行分句,表示先承认某一事实,"可"用于后续分句,提出跟前行分句相反或相对的事实。例如:

①这是他头一次到城里单位来找她。尽管是老熟人,可还觉得有些拘束。(路遥《平凡的世界》)

②尽管多年前他的草舍已随他游走,尽管没有一支烟、一杯茶,可我依然感觉到他"狡猾、周到"地又让朋友们聚到了一起。(王坤红《那条街,那间房子……》)

③当年,家在福建。尽管家境贫苦,可家人还是给钱让我去租书来看。5分钱租一本,几天内得还。于是,一目十行,飞快地读,还分秒必争地把自己喜欢的篇章逐字逐句逐行地抄录下来。(尤今《追寻书籍的味道》)

15.尽管……然而……

"尽管"用在前行分句,表示先承认某一事实,"然而"用于后续分句,提出跟前行分句相反或相对的事实。多用于书面语。例如:

①但是,更叫他苦恼的是,巧珍已经怎样都不能从他的心灵里抹掉

了。他尽管这几天躲避她,然而实际上他非常想念她。(路遥《人生》)

②他们的短篇小说尽管风格各殊,然而创作量丰富这一方面却是一致的。(秦牧《十年》)

16.尽管……也……

"尽管"用在前行分句,表示先承认某一事实;"也"用于后续分句,表示无论前面的事实如何,结果相同。例如:

①尽管一天只吃一顿饭,也觉得不饥饿,好在街上没碰见什么熟人,他可以把精神集中在自己的内心。(路遥《平凡的世界》)

②一位老大娘,挎着香袋,尽管脚小,也稳稳当当,从我们身边过去。(李健吾《雨中登泰山》)

17.虽说……也……

"虽说"用在前行分句,表示先承认某一事实;"也"用于后续分句,表示无论前面的事实如何,结果相同。例如:

①土地分开以后,虽说海民种庄稼不行,家道也没有衰败下来。但也没什么发展。(路遥《平凡的世界》)

②发辫扎着红绳子的新人,虽说大方,脸也通红了。(周立波《山那面的人家》)

18.虽说……但……

"虽说"用在前行分句,表示先承认某一事实;"但"用于后续分句,提出跟前行分句相反或相对的事实。例如:

①至于父亲,虽说是个大队书记,但实际上也是个农民,怎么可能理解她的心呢?在这种事上,她不可能在他那里得到帮助,而母亲又是一

个大字不识一个的农村妇女……（路遥《平凡的世界》）

②生活在家里，虽说精神不痛快，但一日三餐总不要自己操心；再说，有个头痛脑热，也有亲人的关心和照料。（路遥《平凡的世界》）

③安锁子是个又高又粗的壮汉。劲很大，但不很灵巧。作为老资格，虽说也是攉煤工，但完全可以对少平指手画脚，而且不时恶作剧似的捉弄少平。（路遥《平凡的世界》）

19. 虽说……然而……

"虽说"用在前行分句，表示先承认某一事实；"然而"用于后续分句，表示与前行分句所说的情况不一致。例如：

①虽说一代--沟，腌臜（引者注：ā zā 心里别扭，不痛快）的情形，然而大体上相安无事。这就是因为有所谓传统者，把人的某一些观点胶着在一套固定的范畴里。（梁实秋《代沟》）

②虽说故乡，然而已没有家，所以只得暂寓在鲁四老爷家里。（鲁迅《祝福》）

20. 虽说……可（可是）……

"虽说"用在前行分句，表示先承认某一事实；"可（可是）"用于后续分句，表示与前行分句所说的情况不一致。例如：

①虽说是孔隙，可也容得下一只小船进出。（叶圣陶《记金华的双龙洞》）

②玉梅虽说给他解了围，可是玉梅和菊英找他也够他伤脑筋。（赵树理《三里湾》）

21. 固然……不过……

"固然"用于前行分句，表示承认某一事实；"不过"用于后续分句，引出不一致的情况或事实。例如：

①她对有翼固然没有承担什么义务，不过历史上的关系总还有一些，在感情上也难免有些负担。（赵树理《三里湾》）

②苦难固然很多，不过我们总有解决的办法。

22. 固然……但是……

"固然"用于前行分句，表示承认某一事实；"但是"用于后续分句，引出不一致的情况或事实。转折语气较"不过"重。例如：

①我们中国地大而物不博，人多而生产少，生活方式仍宜力持节俭。像美国人那样的生活方式，固然可羡慕，但是不可立即模仿。（梁实秋《说俭》）

②汉光武帝容许严子陵把他的大腿压在自己的肚子上，固然是雅量可风，但是严子陵之毅然决然地归隐富春山，则尤为知趣。（梁实秋《谈友谊》）

23. 固然……可（可是）……

"固然"用于前行分句，表示承认某一事实；"可（可是）"用于后续分句，引出不一致的情况或事实。例如：

①这固然是周家之功，可也未始不是陈家之德啊！（欧阳山《苦斗》）

②去年秋收固然还好，可是地主、债主、税、杂捐，一层一层地剥削来，早就完了。（茅盾《春蚕》）

24. 固然……却……

"固然"用于前行分句，表示承认某一事实；"却"用于后续分句，引

出不一致的情况或事实。例如：

①这种小汤包馅子固然不恶，妙处却在包子皮，半酸半不酸，薄厚适度，制作上颇有技巧。（梁实秋《汤包》）

②精神原子弹的力量固然无比强大，却挡不住那摇摇欲坠的险石。（李存葆《山中，那十九座坟茔》）

25. 但是

前行分句先肯定一个事实，后续分句再引出意思相反或相对立的另一个事实，或限制、补充上文的意思。例如：

①人的天性大致是差不多的，但是在习惯方面却各有不同，习惯是慢慢养成的，在幼小的时候做容易养成，一旦养成之后，想要改变过来便不容易。（梁实秋《养成好习惯》）

②那年，他随父亲去狩猎，不慎掉进陷阱。突如其来的一阵黑暗，使他无法适应。他拼命挣扎，拼命呼喊父亲，但是这一切都是徒劳的。（郑成南《父爱陷阱》）

③百合刚刚诞生的时候，长得和杂草一模一样。但是，它心里知道自己并不是一株野草。（林清玄《心田上的百合花》）

26. 但

前行分句先肯定一个事实，后续分句再引出相反或相对立的另一个事实，或限制、补充上文的意思。多用于书面语。例如：

黄土高原

①黄土高原严寒而漫长的

冬天看来就要过去,但那真正温暖的春天还远远地没有过来。(路遥《平凡的世界》)

②火腿、鸡蛋、牛油面包作为标准的早点,当然也很好,但我只是在不得已的情形下才接受了这种异俗。(梁实秋《烧饼油条》)

③盛夏灿烂的阳光照耀着万物繁荣的大地,但田润叶心里感到空荡荡的。(路遥《平凡的世界》)

27. 然而

一般位于后续分句中,引出与前行分句有所不同的意思。多用于书面语。例如:

①人生的终极点只有一个,然而起点却有许多。运动场上的起点是明显的,生活中的起点往往较为隐蔽。(刘心武《起点之美》)

②如不是亲见,我也不相信如此美丽诱人的海市,会是一个骗局。然而,海市没有罪过。海市因沙漠的气流和折光而现,海市本无意。(张抗抗《海市》)

③大爱不求回报,了断浮世恩怨。然而,当大爱者的救世抱负受挫之时,大爱也会表现为像鲁迅那样"哀其不幸,怒其不争"的大恨。总之,一切人世的爱,都是不能割断与恨的联系的。(周国平《爱的反义词》)

28. 反而

用于后续分句,表示跟上文意思相反或出乎意料。例如:

①沙漠中也会有路的,但这儿没有。远远看去,有几行歪歪斜斜的脚印。顺着脚印走罢,但不行,被人踩过的地方,反而松得难走。(余秋雨《沙原隐泉》)

②孙少平怀着感激的心情退出了老师的房子。他从老师的眼睛里

没有看出一丝谴责,反而满含着一种亲切和热情。(路遥《平凡的世界》)

③玉亭已经给他汇报了村里谁在骂他。他现在内心并不抱怨这些骂他的村民,反而意识到,不论怎样,双水村的人在关键时候还指靠着他田福堂哩!(路遥《平凡的世界》)

29.反倒

用于后续分句,表示跟上文意思相反或出乎意料。转折意味较"反而"稍弱。例如:

①说心里话,他虽然不怕吃苦,但很不情愿回自己的村子去劳动。他从小在那里长大,一切都非常熟悉。他现在觉得,越是自己熟悉的地方,反倒越没意思。(路遥《平凡的世界》)

②虾不在大,大了反倒不好吃。龙虾一身铠甲,须爪戟张,样子十分威武多姿,可是剥出来的龙虾肉,只合做沙拉,其味不过尔尔。(梁秋实《水晶虾球》)

(二)表示轻转关系

后续分句同前行分句在语义上相反或相对关系程度浅一些,或者表达时不打算突出强调这种相反相对的关系。这种句子一般只在后续分句使用关联词语。常用的关联词语有:

1.可

常位于后续部分句首,引出与上文相反或不一致的意思,或对前行部分做进一步的限制或补充。例如:

①一年年过去,他们家越来越穷,可福堂叔的光景一年比一年强。润叶穿起了花衣裳,可他的衣服却一年比一年穿得破烂。(路遥《平凡

的世界》)

②老通宝恨得咬牙跺脚,可又舍不得打这可怜的小宝。(茅盾《秋收》)

③"名词不一样了,可这还不是单干哩?"高明楼心里不满地想。(路遥《人生》)

④村里大部分人家,没有几户住宿宽裕的。有个把人家倒有闲窑,可他们和这些人家交情不深,没办法开口。(路遥《平凡的世界》)

2. 可是

引出与上文所说的事实相反或不一致的意思,或者对上文作进一步的说明、修正或补充。"可是"后面可以停顿。例如:

①父亲看到他回家,很热情地和他讲外面的事情,母亲则在厨房里忙着做他喜欢吃的一切。他在等父亲问他的学习情况,可是父亲就是不问。(仲利民《山就那么高》)

②灾难如果发生在我们的敌人头上,我们很难不幸灾乐祸。也许有人认为我们应该如曾子所说的"哀矜而勿喜",可是那种修养是很难得的。(梁实秋《幸灾乐祸》)

③捉襟见肘的父母,餐桌上可能只有青菜豆腐,可是,屋子里,书本永远不虞匮乏。(尤今《追寻书籍的味道》)

3. 不过

常位于后续部分句首,引出与上文相反或不一致的意思,或对前行部分做进一步的修正或补充。"不过"后面可以有停顿。例如:

①立本五十来岁,脸白里透红,皱纹很少,看起来还年轻。他穿一身干净的蓝咔叽衣服,不过是庄稼人的式样。(路遥《人生》)

②夏天喝酸梅汤,冬天吃糖葫芦,在北平是不分阶级,人人都能享受

的事。不过东西也有精粗之别。琉璃厂信远斋的酸梅汤与糖葫芦,特别考究。(梁实秋《酸梅汤与糖葫芦》)

③我曾挨过几下"棍子",说我读书"追求精神享受"。我当时只好低头认罪。我也承认自己确实不是苦读。不过,"乐在其中"并不等于追求享受。这话可为知者言,不足为外人道也。(杨绛《读书苦乐》)

4. 只是

常位于后续部分句首,表示轻微的转折,语气比较委婉,对前行部分做进一步的修正或补充。同时对上文有一定的限制作用。例如:

①叔父听说是副师政委,这是他家的光荣和骄傲,只是离家远,在他们的生活中起不了什么作用。(路遥《人生》)

②他的自我吹嘘不会使我惊讶,只是他内外有别的说话技巧让我刮目相看。(韩少功《兄弟》)

5. 却

一般位于后续分句中,表示与前行分句所说的事实相反或不一致,含有对比的意味和强调的语气。例如:

①蓦然回首,才发现自己远远没有长大。我们幼年的顽皮、成长的艰辛、与生俱来的弱点、异于常人的秉赋……从小到大最详尽的档案、每一次失败与成功的记录,都贮存在母亲宁静的眼中。我们曾经满世界地寻找真诚,却不知最想要的真诚就在母亲那里。(毕淑敏《回家去问妈妈》)

②我看到水田边一片纯白的花,形似百合,却开得比百合花更繁盛,姿态更优美,我当场就被那雄浑的美震慑了。(林清玄《空心看世界》)

③到现场观看赛跑,多数人总愿选择离终点最近的位置,我却偏爱在起跑线附近观看。(刘心武《起点之美》)

6. 倒

一般位于后续分句中,表示与前行分句所说的事实相反或出乎意料,转折意思较轻微。例如:

①而今却是要登泰山了,偏偏天公不作美,下起雨来,淅淅沥沥,不像落在地上,倒像落在心里。(李健吾《雨中登泰山》)

②但话又说回来,孙玉亭本人觉得,他现在穷是穷,倒也自有他活人的一番畅快。(路遥《平凡的世界》)

7. 其实

表示所说的是实际情况,有进一步说明、修正或补充上文的意思。例如:

①叫他老梁,其实是个青年,举止挺稳重。(杨朔《荔枝蜜》)

②外地人提起铜城,都知道这是个出煤的地方,因此想象这城市大概到处都堆满了煤。其实,铜城边上只有一两个产量很小的煤矿,其余的大矿都在东西两面那些山沟里。(路遥《平凡的世界》)

六 目标很明确——目的关联词

分析句子,尤其是句子成分的分析,是语文学习的一项重要的内容。著名的语言学家邵敬敏先生曾经做过很形象的比喻,他说:"分析句子,有点像打战。在发起总攻之前,首先要把句子的修饰性的、提示性的成分清除掉,通俗地说,就是先把外围的铁丝网、岗楼、地堡、壕沟等'辅助工事'彻底清除,然后,才可能彻彻底底地向对方的核心工事发起总攻。否则,必然会影响到总攻质量。总之,理清枝叶,以便分析句子主干,即扫除外围,以便发起总攻。"

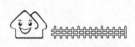
"扫除外围,以便发起总攻",从句子分析角度来看,这是一个表示目的关系的复句,"以便"为关联词语。

所谓目的关系,是指句子的一部分说出目的,另一部分说出为达到这一目的而发生的行为事件。句子间的这种逻辑关系就叫目的关系。表示目的关系的句子一般可以分为两种类型:

(一)表示达到关系

目的是为达到什么。常见的关联词语有:

1. 为

表示要达到的目的。例如:

①为准备明天双水村新学校落成的庆祝仪式,金家湾和田家圪崂两处的人马一直忙乱到天黑才停歇下来。(路遥《平凡的世界》)

②超级市场为方便客户购物,都在入口处备有手推车和提篮。

③为避免弄脏衣服也为了让我更舒服点儿,医生特意为我加了块棉垫。(《白蝴蝶花》)

有时为了强调目的,还可以在"为"前加"只"等副词。例如:

④就体量计算,老树抵得过千百万小草集合而成的大军。就价值来说,人们千里万里路地赶了来,只为瞻仰老树,我敢肯定没有一个人是为了探望小草。(毕淑敏《没有一棵小草自惭形秽》)

"为"后面还常常与"起见"搭配使用。例如:

⑤为叙述便利起见,想分成四季来约略得说说。(郁达夫《北平的四季》)

2. 为……而……

表示要达到的目的。例如：

①他以故乡为题材，写下了大量歌唱故乡故土的诗篇，他一生都在为故乡和人民而歌唱。人们称他为"苦吟诗人"，誉他为"农民诗人"。

②在希腊人民心目中，为雅典娜女神而建的帕台农神庙和其他古迹都和奥林匹克运动息息相关，也是希腊的骄傲。

③获得了排球史上三连冠的中国排球女将为"拼搏"一词注入了新的内涵，鼓舞了一代中国人为祖国的建设而奋斗。

雅典娜女神雕像

3. 为了

表示要达到的目的。一般用于前行分句；后续分句则补出为达到这一目的的打算或做法。例如：

①为了孩子的健康成长，妈妈更是煞费苦心，用自己独特的方式，尽可能地赋予小男孩所能接触到的物体以颜色，以便让他简单的思维能够懂得远离和逃避伤害。（方益松《母爱的颜色》）

②人们为了从一个城市，越来越快地到达另一个城市，发明了各种各样的交通工具。可以说，人们离开广义上的城市已无法生存。（毕淑敏《旷野与城市》）

③整个晚上，我守在井口，一步不敢离开，因为随时会有动物靠近陷阱。为了提醒你，我不得不用脚踩草丛，制造声音，幸运的是，昨天晚上一直没有任何动物出现。（郑成南《父爱陷阱》）

4. 为了……才……

"为了"用在前行分句,表示要达到的目的;"才"用于后续分句,引出措施。例如:

①他说:"一般人种空心菜,都是在还没有开花的时候就摘来吃了,怎么会看到开花呢? 我这些是为了做种,才留到开花的呀!"(林清玄《空心看世界》)

②人口的流动,往往是为了获取更多的利益才流动,即由低利地区流动到高利地区,由无利地区流动到有利地区。

③古生物学界此前有一种比较普遍的看法认为,动物在由水生向陆生进化的过程中,是在脱离了水生环境后才获得行走能力,为了适应陆地生活才进化出四肢。

5. 为了……就……

"为了"用在前行分句,表示要达到的目的;"就"用于后续分句,引出措施。例如:

①为了远大的前途,就不能过得太偷懒、太马虎、太随便,多少要强迫自己努力去做现在所希望做的事情。

②动物为了能够适应不断变化的自然环境,为了生存和繁荣,就需要同自然环境展开较量,以一些简捷、智慧的办法达到自己的目的。

③但对大多数中国老人来说,在自己熟悉的社区内养老仍是最现实的选择。为了让老人不出社区就得到好的照料和服务,民政部从2001年就开始推行了社区老年人福利服务"星光计划"。

6. 为的是

放在句子的后面部分,补充交代前面动作、行为的目的。例如:

①水晶虾饼是北平锡拉胡同玉华台的杰作。和一般的炸虾球不同。

一定要用白虾,通常是青虾比白虾味美,但是做水晶虾饼非白虾不可,为的是做出来的颜色纯白。(梁秋实《水晶虾球》)

②于是灰黑的火山石变绿了,悬崖上,山岭间,一片郁郁葱葱,鸟儿也回来了,为的是歌唱生命。(张抗抗《地下森林断想》)

③如今,减肥的潮流日益高涨,尽管只有35%的受访者认为他们的体重超标,但超过六成的人选择了瘦身,为的是让身段更加苗条。

7. 之所以……是为了……

"之所以"用在前行分句,引出某行为或做法;"是为了"用于后续分句,补充说明这些行为或做法的目的。例如:

①国家之所以保留这支骑兵,是为了展示国威、军威,展示人民解放军的传统风貌,让中外人民了解、目睹现代条件下的这支古老兵种的风采。

②人们之所以要学知识,目的是为了增加智慧和才干,进行创造,不是要给自己套上这样那样的精神枷锁。因此,研究不能有框框,读书也不能画地为牢。

③从一生下来到现在,五十二年来,他没有过几天快活日子。他之所以还活着,不是指望自己今生一世享什么福,而完全是为了自己的几个子女。(路遥《平凡的世界》)

8. 以便

一般用于后续分句的开头,表明有了前行分句所说的情况或条件,后续分句所说的目的得以实现。例如:

①在家里,光景好些的人家,大人们总要给回家的孩子做两顿好吃的,然后再打闹一口袋像样的干粮,以便下一个星期孩子在大灶饭外有一个补充。(路遥《平凡的世界》)

123

②为了孩子的健康成长,妈妈更是煞费苦心,用自己独特的方式,尽可能地赋予小男孩所能接触到的物体以颜色,以便让他简单的思维能够懂得远离和逃避伤害。(方益松《母爱的颜色》)

③她临起身回来的时候,婆婆为了掩盖这个难堪的局面,硬让她把两个白面馍给少安带来,以便解脱儿媳妇。(路遥《平凡的世界》)

9. 旨在

表示要达到的目的,多用于书面语。例如:

①中国启动"村通工程"试点,旨在实现未通电话地区农民通信从无到有。

②今年花车游行的主题是"音乐、音乐、音乐",旨在展现音乐与人类生活的密切关系,以及音乐对促进儿童健康成长和丰富社会生活的魅力。

③法国 2003 年 9 月推出了"清洁能源汽车"计划,旨在使法国在清洁能源汽车生产领域位居工业化国家的最前列。

④这是一个饶有趣味的心理测试,旨在从中窥视现代人的文化心理。

10. 借以

一般用于后续分句,表明前行分句所说的情况或条件是实现后续分句所说目的的凭借。多用于书面语。例如:

①从此,黎家子孙后代,为纪念天妃和观音的功绩,就把石洞取名为娘母洞,并且一年复一年,每年的三月三,全体族人都举行纪念活动,借以悼念全族人的先祖。

②军旅话剧始终将崇高美作为自己坚持不懈的美学追求,借以增强军旅话剧特有的艺术魅力,它应当成为正在建设中的军旅戏剧舞台文化

的基石。

③社火源于两三千年前的祭神活动。在中国西北,闹社火是群众过春节的一种传统习俗。但社火一般都在风调雨顺年景举行,丰收的农民借以表达喜悦之情。

11. 好(好让、好使)

一般用在后续分句,引出目的。例如:

①你要不帮忙就去找找会计,好领我去看看房子。(铁凝《东山下的风景》)

②到现在,已经五个年头了,可他的那些设想还只能是设想,依然只是在纸上谈兵。他多么渴望能有个试点,好让自己梦想成真啊!

③可是敌人还是拼死争夺,好使自己的主力不致覆灭。(魏巍《谁是最可爱的人》)

12. 以

一般用于后续分句,表明前行分句所说的情况或条件是为了实现后续分句所说目的。多用于书面语。例如:

①没事的时候,他就跑到东岗的小树林里沉思默想,或者一个人在没人的田野里狂奔突跳一阵,以抒发他内心压抑不住的愉快感情。(路遥《人生》)

②高加林知道他们要说什么了,就很恭敬地坐在他们面前,低下头,两只手轮流在脸上摸着,以调节他的不安的心情。(路遥《人生》)

③神仙山和哭咽河的传说,当然是金家老祖上编出来的神话,以光耀自己的家族。(路遥《平凡的世界》)

（二）表示避免关系

目的是要避免什么。常见的关联词语有：

1. 以免

用于后续分句,引出可以避免的某种不希望出现的情况。例如：

①是的,正是因为贫穷,因为吃不起好饭,因为年轻而敏感的自尊心,才使他们躲避公众的目光悄悄取走自己那两个不体面的黑家伙,以免遭受许多无言的耻笑。（路遥《平凡的世界》）

②规劝不可当着第三者的面行之,以免伤他的颜面;不可在他情绪不宁时行之,以免逢彼之怒。（梁实秋《谈友谊》）

③他不愿意当润叶的面说出那个"不"字来,以免让他目睹她伤心而使自己也心碎。（路遥《平凡的世界》）

2. 以防

用于后续分句,引出可以防止的某种不希望出现的情况。例如：

①即使帮不上手,她也要转着为丈夫发现漏洞,以防再出现什么意外的闪失。（路遥《平凡的世界》）

②目前正是候鸟来港过冬的季节,世界自然（香港）基金会表示,将加强监察候鸟的健康状况,以防雀鸟传播疾病。

③周文龙立即把几个民兵留在羊湾村,让他们中的一个人照看住这家人,以防跑出去通风报信。（路遥《平凡的世界》）

3. 免得

用于后续分句,引出某种不希望出现的情况。例如：

①在餐馆吃"炒蟹肉",南人称炒蟹粉,有肉有黄,免得自己剥壳,吃起来痛快,味道就差不多了。(梁实秋《蟹》)

②兔子逃跑时,总是一边跑一边回头看,根据追敌决定自己速度的快慢,免得浪费精力。当它难逃强敌的追捕时,还会急中生智,突然止步,向旁边一闪,甩掉敌人。

③尽管图书涨价有各种各样的原因,但作为读者,我还是真诚地希望书价悠着点涨,免得让读书人只有望书兴叹的份儿。

4. 省得

用于后续分句,引出可以避免的某种不希望出现的情况。例如:

①鹿子霖赌气他说:"他是啥我不管,我可是我。我被众人当尻子笑了! 我没法活了! 你跟岳书记说干脆把我押了杀了,省得我一天人不人鬼不鬼地受洋罪……"(陈忠实《白鹿原》)

②丁火旺气得怒目圆睁,取下挂在墙上的老铳说:"你这个贪生怕死的东西! 不配当丁家人! 不如老子一枪先毙了你,省得你当叛徒丢人现眼!"

③不要在这儿讲,省得人家听见笑话你。(曹禺《日出》)

第四章

关联词中的直系亲属

——容易混淆的关联词

在庞大的关联词语家族中,有一些关联词语"外形"酷似,作用相似,就像亲姊妹一样,稍不留意,就容易混淆,我们可以称它们为"姊妹关联词语"。比如:

①a. 尽管道路这样泥泞,他仍然坚持前进。

　b. 不管道路有多么泥泞,他都坚持前进。

②a. 在少平眼里,晓霞是亲人,也是朋友。

　b. 在少平眼里,晓霞是亲人,还是朋友?

例①中,"尽管"和"不管"虽然都有一个共同的语素"管",但是它们的语意和用法却截然不同。"尽管"表示先承认某种事实,并预示着下面将有语意上的转折,是一个表示转折关系的关联词语,常与"但是"、"然而"、"却"等相配;而"不管"则表示排除条件,是一个表示条件关系的关联词语,常与"都"、"也"等连用。

例②中,"是……也是……"表示两种关系同时存在,是一对表示并列关系的关联词语;"是……还是……"表示两个选择项选其一,是一对表示选择关系的关联词语。两者虽相似,但语意和用法差别很大。

"姊妹关联词语"因为"外形"酷似,作用相似,在使用的时候,往往比较容易出错。例如:

③＊不管习题十分难做,我也要做完。(带"＊"的句子为误句,后不再注明)

④＊尽管你的计划制定得有多好,不切合实际有什么用?

例③前后分句间是转折关系,"不管"表达的是条件关系,用在此处不妥。应把"不管"改为"尽管";例④前后分句间是条件关系,不宜用转折关联词语"尽管",应把"尽管"改为"不管"。

可见,"姊妹关联词语"是我们学习和理解关联词语的难点。我们把它们放在一起做一个横向的比较,理清它们之间的异同,有助于我们更加准确地使用关联词语。

一 外表相似,内涵不同——易混淆的单用关联词

1."并"与"并且"

"并"和"并且"都可以表示递进关系。例如:

①中国人民和 19 世纪最强大的侵略者打了一场硬仗,并使他们的兵士跪地求饶揭开了自己的近代史。(秦牧《古战场春晓》)

②经过黄陂、草台冈两仗,红军歼灭蒋介石嫡系部队近三个师,俘敌 1 万余人,胜利地打破了"围剿",并且创造了红军战争史上前所未有的以大兵团伏击歼敌的光辉范例。

③技术员找出了机器的毛病,并研究了修理的办法。

④这种植物我们家乡也有,并且还很多。

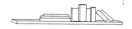

但"并"除可以表示递进关系外,还能表示并列关系。"并且"不能。例如:

⑤我们下了车,以满腔沸腾的热情紧紧握着司机们的手,感谢他们对我们的帮忙,并祝他们斗争的胜利。(冰心《樱花赞》)

⑥昨天下午,省人大会议讨论并通过了他们的提案。

此外,"并且"可以连接句子组成的句群,"并"不能。

⑦1610 年以后,徐光启在制定天文历法的过程中,和传教士一起设计了许多天文仪器。并且第一个把西方历法引进中国。与此同时,他还钻研了西方的水利学,编译成《泰西水法》六卷。徐光启的工作,开了中国学习西方先进科学技术的先河,被称为中国近代科学的启蒙大师。

徐光启画像

2."只要"、"只有"与"只是"

"只要"和"只有"都是表示条件关系的关联词语,"只要"表示充分条件,强调具备了这个条件,就会有相应的结果,常与"就"搭配;"只有"表示必要条件,即必须具备这个条件,才会有相应的结果,缺少了这个条件,就不会有相应的结果,常与"才"搭配。例如:

①只要稍稍具有现代世界地理眼光的人,都会看中上海。(余秋雨《上海人》)

②只有积极锻炼身体,才能增强抵抗疾病的能力。

③只要你愿意,便可以去报名。

④只有国家安泰,家业才能兴旺,个人才能幸福。

"只是"是一个表示转折关系的关联词语,转折的程度较轻。例如:

⑤叔父听说是副师政委,这是他家的光荣和骄傲,只是离家远,在他们的生活中起不了什么作用。(路遥《人生》)
⑥他讲的是对的,只是说话不大讲究方式方法。

3."以便"、"以免"与"以致"
"以便"和"以免"都是表示目的关系的关联词语。"以便"表示行为的目的是为了得到什么;"以免"表示行为的目的是为了避免什么。例如:

①母亲随即搬到南京,以便我时常去探望、鼓励她。
②他从不与同事一起吃饭、看电影,以免无谓地请客花钱。
③你先把材料准备好,以便小组开会研究。
④我们应该及时总结教训,以免再发生类似问题。

"以致"是一个表示因果关系的关联词语。一般用于后续分句的句首,表示由于前行分句所述原因而造成的结果,这种结果往往是说话人所不希望出现的。例如:

⑤他的腿受了重伤,以致几个月都起不来床。
⑥他事先没有充分调查研究,以致做出了错误的决定。

4."此外"与"另外"
"此外"和"另外"都是表示并列关系的关联词语。都含有"除此以外"的意思,但有区别。"此外"表示除了所说的事物或情况之外,还有

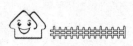

别的或没有别的;"另外"表示在上文所说的范围之外,还有别的,重在提起下文。例如:

①讲义我已经写完,另外还附了一篇参考书目。

②这次到上海,是去看望多年不见的大姐,此外,还想去杭州玩玩。

③你去通知老魏,请他明天下午三点在办公室等我,有事跟他商量,另外,你现在顺便叫小朱到我这儿来一下。

④小余会说北京话和上海话,此外也懂点儿广州话。

"此外"后面可以用否定形式,"另外"不能。例如:

⑤他一生就写过这两部书,此外没有别的著作了。

⑥老徐每天除了去卖菜和接孙子放学,此外就不出去了。

5."继而"与"既而"

"继而"和"既而",都可以用来表示后一动作或情况接着前一动作或情况产生。但是,"继而"侧重表示前后的连续性,"既而"侧重表示前后相距时间很短。例如:

①其实,家里所有的人都早想哭了,但硬忍着。当金老太太拒绝孙子背她到新居,继而放开声痛苦以后,这家人就再也忍不住了,跟着老人一起哭开了。(路遥《平凡的世界》)

②先是惊叹,既而大家一起欢呼起来。

③她惊诧了片刻,继而一把搂住我,当我回头时,却看到她满脸的泪水。(田玉珍《母爱的温度》)

④先是领唱的一个人唱,既而全体跟着一起唱。

6.“随后”与“随即”

“随后”和“随即”，都可以用来表示后一动作或情况紧接着前一动作或情况产生。但是，“随后”侧重表示时间先后相承，“随即”侧重表示前后动作或情况相距时间很短。例如：

①我送生病的同学上了医院，随后才来学校的。
②灯光一熄灭，电影随即开演。
③北方的旱情刚缓解，随后，南方又发生水灾。
④他一听发令枪响，随即往跑道终点冲去。

7.“而且”与“并且”

“而且”和“并且”都可以是表示递进关系的关联词语，都可以用来连接动词性词语或者分句。例如：

①这里不少人是我的老同学，而且有的还是好朋友。
②赣南的脐橙不仅产量高，并且质量也很好。
③他不只非常聪明，而且还很用功。
④海面起风了，并且天色也暗淡下来。

但是，“而且”还可以连接形容词，“并且”则不能。

⑤他这个人性情温顺，而且善良。

8.“何况”与“况且”

“何况”和“况且”都是表示递进关系的关联词语，都表示进一步申述或追加理由。有的时候可以互换。例如：

①这个道理连小孩都知道，何况大人呀！

别乱点鸳鸯谱——汉语关联词的准确搭配

②我想,不告诉他,他一定会着急,况且这件事始终是要告诉他的。

③你的身体本来很弱,何况刚生过病,还是我来拿吧!

④你的身体本来很弱,况且刚生过病,还是我来拿吧!

但是,"何况"可以用反问语气来表达进一层的意思,而"况且"则不能。例如:

⑤爷爷年逾花甲还在学文化,何况你这样的年轻人呢?

⑥他是专门学这一行的都不懂,何况我呢?

此外,在用法上,"何况"可以与"尚且"、"都"等配对,组成"尚且(都)……何况……"的格式,而"况且"则不能。例如:

⑦天福茶楼平时尚且有这么高的上座率,何况节假日呢?

⑧这样的消费,富豪们都掂量再三,何况我们工薪阶层呢?

9."进而"和"从而"

"进而"表示递进关系,强调在前面基础上的进一步行动;"从而"表示因果关系,强调在前面分句陈述的原因、条件的基础上所得的结果。例如:

①弄懂这个问题后,才能进而研究其他问题。

②通过调查研究发现问题,从而找到解决问题的方法。

③铁道部决定,先评选出各局、厂的先进集体和先进个人,进而评选出部的先进集体和先进个人。

④大家从团结的愿望出发,通过批评和自我批评,消除了多年来的隔阂,从而达到了新的团结。

10.“乃至”与“甚至”

“乃至”和“甚至”都是表示递进关系的关联词语。都可以连接两项或两项以上的成分,放在最后一项的前面,表示更进一层。但是,“乃至”侧重表示范围扩大或程度加深;“甚至”侧重强调后面更突出的情况。例如:

①在城市,在乡村,乃至最偏僻的山区都广为传颂他的英雄事迹。
②那个时候,他们还受着封建制度,甚至奴隶制度的束缚。
③我国人民的生活水平要普遍达到小康水平,还需要十年,乃至更长的时间。
④我们这儿,不但大人,甚至连六七岁的小孩儿都会游泳。

11.“以致”与“以至”

“以致”表示因果关系,下文所说的是上述原因所造成的结果。这种结果往往是不好的,或者说话人所不希望的;“以至”表示由小到大、由少到多、由浅到深的递进(也可以是相反的方向)。意思大致相当于“直到”、“甚至”。例如:

①由于他不听劝告,以致上了别人的当。
②搞城市建设不能只看眼前,要考虑到明年、后年,以至十年、二十年。
③据可查考的资料记载,解放前蒋家沟的泥石流曾经十多次隔断小江,堵塞河道,以致洪水四处泛滥,淹没了许多农田、房屋。
④这项工艺改革成功的话,生产效率将会提高几倍,以至十几倍。

12.“或者”与“还是”

“或者”和“还是”都表示“或此或彼”的无定选择关系,但“还是”带有疑问语气,一般用于疑问句,“或者”不能用于疑问句,只能用于陈述

句。例如：

①今天晚上我们看电影,或者看戏。
②今天晚上我们看电影,还是看戏?
③住宿生每天清早起来跑步,或者做广播操。
④星期天到学校复习功课,还是在家里复习?

此外,"或者"和"还是"在用法上,"或者"常常叠用成"或者……或者……"格式;"还是"往往与"是"配合,组成"是……还是……"的格式。

⑤或者同意,或者反对,你总得表个态嘛!
⑥老王,暑假我们全家去旅游,是去九寨沟,还是去峨眉山啊?

13."因为"与"由于"
"因为"和"由于"都是表示因果关系的关联词语,多用在因果复句的前行分句,引出某情况发出或存在的原因,很多时候可以互换。例如:

①因为(由于)他聪明能干,所以很快就被提升为副经理了。
②由于(因为)治疗及时,他的病很快就好了。

但是,在用法上,"因为"和"由于"还是有一些不同。比如,"因为"引导的原因从句可以放在主句之后,而"由于"引导原因从句一般不能放在主句之后。例如:

③他没有来开会,因为他病了。

此外,在搭配上,"由于"既可以同"所以"配合,又可以同"因而"

"因此"成对使用;"因为"只同"所以"配合,不能同"因而"、"因此"相配。例如:

④由于问题很复杂,个人的观点又不同,因而意见不完全一致。

14."不管"与"尽管"

"不管"与"不论"、"无论"意思相同,是一个表示条件关系的关联词语,意为排除条件,即在任何条件下都是如此。常跟表任指的疑问代词如"什么"、"怎样"、"如何"等连用,也可以与"或者"、"或"、"还是"等相配,列举可供选择的几个条件。例如:

①不管怎样,你必须在上课之前赶到。
②不管什么人,都必须遵守国家的法律。
③不管是刮风还是下雨,他都坚持锻炼。

"尽管"跟"虽然"意思相同,是一个表示转折关系的关联词语,表示让步转折,即先让步,承认某件事是如此,然后,再转过来指出相反的一面。常与"但是"、"然而"、"却"等词语搭配。例如:

④尽管困难很大,但一定要完成任务。
⑤到了冬天,尽管天气很冷,然而,他还是坚持冬泳。

15."固然"与"虽然"

"固然"和"虽然"都是表达转折关系的关联词语,都经常与"但是"、"可是"、"却"等成对使用。例如:

①她说话时虽然脸带笑容,可是听得出话中有责备的意思。
②学习固然重要,但身体健康绝不能忽视。

但是,它们在语意上还是有明显差别的,"固然"有"的确如此"的意思,对事实确认的意味比"虽然"肯定。例如:

③文化艺术固然需要钱,然而一出戏的服装费就花掉十万块,也实在到了骇人听闻的地步。

例③如将"固然"改为"虽然",句意基本不变,但肯定的语气显然不如用"固然"。

此外,"固然"还可以表示递进关系,"固然"引导的分句承认一个事实,后续分句把意思推进一层。而"虽然"则不能。例如:

④画家唐云的大幅力作引人入胜,固然佳妙,而他的即兴小品清新可人,也别有一番风味。

16."但是"与"不过"

"但是"与"不过"都是表示转折关系的关联词语,都可以引出同上文相反的意思,或对上文所说的意思作进一步的补充或限制。但是相比较而言,"但是"转折作用较"不过"明显。例如:

①尽管我们花了很大的力气发展和普及足球运动,但是,仍然没有收到预期的效果。
②厦门我住过,不过时间不长。

此外,"但是"既可以用于口语,也可以用于书面语;而"不过"多用于口语,带有委婉语气。例如:

③我们已经培养了不少相关的人才,但是还不能满足实际需要。
④我虽然已经学了三年汉语,不过听北京相声还很困难。

17.“既”与“既然”

“既”和“既然”在起关联作用时,既有相同之处,也有不同之处。“既然”和“既”都可以用于表达推论性因果关系,引出推论所依据的前提或理由,常常与“就”、“那么”配对使用。但是它们在句中位置有所不同,“既然”既可以在主语前,也可以在主语后。例如:

①既然你适应不了这里的气候,就离开这儿,换个地方吧!
②你既然知道了这个秘密事关重大,就决不能泄露出去。

“既”只能位于主语之后。例如:

③你既知道错了,就应该赶快改正啊!

此外,“既”与“又”、“也”搭配,构成“既……又……”、“既……也……”格式,表示并列关系。“既然”不能。

④新修的这栋办公楼,既有民族风格,又不缺乏现代元素。
⑤多少条山岭啊,在疾驰的火车上看了几个钟头,既看不厌,也看不烦。

18.“省得”、“免得”与“以免”

“省得”、“免得”和“以免”都是表示目的关系的关联词语,都放在后续分句,都有“避免”的意思,表示避免发生某种不希望的情况。但“免得”、“省得”多用于口语。例如:

①自己的事尽量自己做,省得麻烦别人。
②任务完成后要及时跟厂里联系,免得同志们担心。
③把水龙头开小一点,省得浪费。

④你最好提醒他一下,免得他忘记。

"以免"多用于书面语。后面一般不能用基本形式的动词、形容词。例如:

⑤应该及时总结教训,以免再发生类似问题。
⑥流行性感冒流行的季节,小孩应少到公共场所去,以免被传染。

19."不管"、"不论"与"无论"

"不管"、"不论"和"无论"都是表示条件关系的关联词语,表示排除任何条件,不受任何条件限制。但"不管"多用于口语,所以后面不能用"如何"、"与否"等文言色彩的字眼。例如:

①他不管怎么忙,每天都要抽出一定的时间学习。
②不管是你去还是我去,都要先把情况了解清楚。

"不论"、"无论"多用于书面语,后面可以跟"如何"、"与否"等文言色彩的字眼。

③群众的意见无论正确与否,领导都应该认真听取。
④这个问题关乎国计民生,政府部门无论如何,都应该尽快解决好。
⑤我们的生活不论发生多大的变化,奉献社会之心不能变,全心全意为人民服务的精神不能丢。
⑥不论你是否相信,他这几年的确变化非常之大。

20."所以"、"因此"与"因而"

"所以"、"因此"和"因而"都是表示因果关系的关联词语,表示结果或结论。"所以"常和"因为"或"由于"配合使用;"因此"和"因而"本

身具有"因为这个,而……"的意思,所以不跟"因为"连用,只跟"由于"配对。例如:

①因为我的劳动没白费,所以我感到幸福。
②由于事先做了充分准备,因此会议开得很成功。
③由于上学期着重抓了课堂教学,因而同学们的学习成绩有了显著的提高。

此外,"所以"连接的表结果的分句可以在前,构成由结果追溯原因的格式,而"因此"、"因而"连接的表结果的分句,只能在后。例如:

④刚上映的这部电影所以大受欢迎,主要原因是故事情节感人至深。
⑤工作方案确认后,一定要保证贯彻执行,因此必须按期检查。
⑥雪融化时吸收热量,因而气温下降。

21."如果"、"假如"、"倘若"与"要是"
"如果"、"假如"、"倘若"、"要是"都是表示假设关系的关联词语,"如果"、"假如"在口语和书面语中都常用。例如:

①如果你平时能多注意总结学习方法,那你的学习成绩一定会有所提高的。
②假如领导同意,明天清早我们便出发。
③如果不能储藏,过目即忘,则读亦等于不读。(朱光潜《谈读书》)
④假如没有趵突泉,济南会失去它一半的魅力。(老舍《趵突泉》)

"倘若"多用于书面语。例如:

别乱点鸳鸯谱——汉语关联词的准确搭配

⑤倘若流落在他乡异地,生活的一切都将失去保障,得靠自己一个人去对付冷酷而严峻的现实了……(路遥《平凡的世界》)

"要是"多用于口语。例如:

⑥要是来得及的话,我们坐船去好吗?

22. "除非"与"只有"

"除非"和"只有"都是条件关系的关联词语,表示唯一的条件。但是,"除非"是从反面强调不能缺少某一个唯一的条件,语气较重。例如:

①除非你答应我的条件,我才告诉你。
②我绝不离开这里,除非工作确实需要。

"只有"从正面提出唯一的条件,强调只有这个条件才行。例如:

③只有在紧急情况下,才能动用这笔款项。
④电话打不通,只有我自己去一趟。

二　搭配相似,功能不同——易混淆的对用关联词

1. "边……边……"与"一边……一边……"

"边……边……"和"一边……一边……"都是表示并列关系的连词,但"边……边……"所连接的两项,必须是同一个主语;"一边……一边……"所连接的两项,既可以是同一个主语,也可以是不同的主语。此外,"边……边……"所连接的两项,中间不能有停顿,而"一边……一

边……"所连接的两项,中间允许有停顿。例如:

①他边说边翻书寻找着那故事的出处。
②高加林一边听她说,一边感到自己的眼睛潮湿起来,他虽然是个心很硬的人,但已经被巧珍的感情深深感动了。(路遥《人生》)
③行军的时候,战士们一边走,我们就一边给他们说唱。(魏巍《谁是最可爱的人》)

2.“不是……而是……”与“不是……就是……”
“不是……而是……”表示肯定否定的并列关系,前后分句相对或相反,不分主次;“不是……就是……”表示非此即彼的选择关系,在两个选项中,限选其一。例如:

①听说她是省报的记者后,他们大为惊讶——不是惊讶晓霞是记者,而是惊讶漂亮的记者怎么能看上他们这个掏炭的徒弟呢?(路遥《平凡的世界》)
②走在街上,熙熙攘攘,磕头碰脑的不是人面兽,就是可怜虫。在这种情形下,我们虽无勇气披发入山,至少为什么不带一把牙刷捆起铺盖出去旅行几天呢?(梁秋实《旅行》)

3.“既……又……”、“既……还……”和“既……便……”
“既……又……”表示并列关系,同时发生两个动作、处于两种状态或具有两种属性;“既……还……”表示递进关系,“还”表示范围的扩大和程度的加深,意思更进一层;“既……便……”表示因果关系,根据前面的内容推出结果。例如:

①他们这个方案,既有明确的要求,又有具体的措施。
②按说,嫡亲孙玉亭两口子应该来帮忙,但妇女主任贺凤英到大寨

参观去了,孙玉亭既要忙革命,还要忙家务,三个孩子大哭小叫,乱得他抽不出身来。(路遥《平凡的世界》)

③人既相熟后,钱便在可有可无之间了。(沈从文《边城》)

4.“一方面……一方面……”与“一面……一面……”

“一方面……一方面……”连接表示抽象意义的并列成分,侧重表示并存的两个方面,时间可有先后;“一面……一面……”,既可连接具体的事物,也可连接抽象的事物,侧重表示同时进行的两个动作。例如:

①我走进了一家杂货店,一方面是休息,一方面买了他们很多枣子,是打算送给刘二妈家里煮稀饭吃的。(丁玲《我在霞村的时候》)

②出门时发现,搁在楼道里的那辆新自行车不翼而飞了。两年之中,这已是第三辆。我一面为世风摇头,一面又感到内心比前两次失窃时要平静得多。(周国平《习惯于失去》)

③坝上坝下到处是人,汽车、推土机在匆忙地奔跑……将军一面走,一面四下里看着,他被这劳动的场景深深地触动了。(王愿坚《普通劳动者》)

此外,“一面”可以单用,也可以三个以上叠用;“一方面……一方面……”一般只能两项叠用,不能增减。例如:

④有位老人在路上来回地敲铓锣,一面喊着傣话。(张曼菱《有一个美丽的地方》)

⑤“唔。”老栓一面听,一面应,一面扣上衣服,伸手过去说,“给我罢。”(鲁迅《药》)

5.“既……又……”与“又……又……”

“既……又……”和“又……又……”都是表示并列关系的关联词

语,表示两种动作、两种情况或事物并存。但是它们也有一定的区别，"又……又……"连接的两项,语意上是并列的,前后可以调换位置而意思不变。例如:

①茶花这东西有点特性,水壤气候,事事都得细心。又怕风,又怕晒,最喜欢半阴半阳,顶讨厌的是蚊子。(杨朔《茶花赋》)

茶　花

"既……又……"连接的两项,往往后项比前项在语意上更为强调。位置不能调换。例如:

②王老师夫妇有恩于他,因此他对王老师夫妇一直就是既敬重,又感恩。

此外,"又……又……"还可以表示连贯关系,而"既……又……"则不能。例如:

③他见到我异常高兴,又扳我的肩膀,又捶我的胸。

6."要么……要么……"与"不是……就是……"

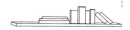

"要么……要么……"和"不是……就是……"都是表示选择关系的关联词语,在几个限定的选项内选定其中之一,非此即彼,没有其他可能。但同为断定事实,"不是……就是……"两者表达二者"必居其一"的口气更坚定。例如:

①动物之间的"战争"常常是极其残酷的,不是你死,就是我亡。

此外,"要么……要么……"既可描述客观事实,也可反映主观意向;"不是……就是……"只客观反映事实。例如:

②要么就对我客客气气的,要么就别喊我来。

7."因为……所以……"与"因为……于是……"

"因为……所以……"和"因为……于是……"都是表示因果关系的关联词语,"所以"引出相应的结果或结论。例如:

①简化字因为好认好写,所以受到广大群众的欢迎。
②因为她想当老师,所以报考了师范类院校。

"于是"表示紧接着前面分句所说的原因而产生的结果,强调紧承性。例如:

③因为大伙儿一直在鼓励,我于是一下子又恢复了信心。
④因为老师的全力支持,于是一个课外学习小组很快就成立了。

8."不管……还是……"与"尽管……还是……"

"不管……还是……"是一对表示条件关系的关联词语,表示排除一切条件,结果继续存在,不因上述条件而改变。例如:

①不管生活有多么艰苦,他还是不放弃对知识的追求。

②我们可以十分肯定地强调,不管今后数学怎么发展,它的永恒主题还是"认识宇宙,也认识人类自己"。

"尽管……还是……"是一对表示转折关系的关联词语,表示所说的动作或状态不因前面所说的情况而改变。例如:

③不过,尽管花草自己会奋斗,我若置之不理,任其自生自灭,它们多数还是会死的。(老舍《养花》)

④尽管这样,妈妈还是把他贴在胸口,生怕被江风吹着,被水花溅着。(袁鹰《渡船》)

9."即便……也……"与"即使……也……"

"即便……也……"和"即使……也……"都是表示假设关系的关联词语,表示不论前面的情况如何变化,结果或结论都相同。但相比较而言,"即便……也……"语气较"即使……也……"弱,而且多用于书面语。例如:

①西方国家即便立法严禁,也未必防止得了。(李学江《基因工程浅议》)

②军人的潜意识约束着他们。光荣的帽徽和领章给了他们理智,即便有爱的萌发,也被理智的剪刀剪断了。(李存葆《山中,那十九座坟茔》)

"即使……也……"既可用于口语,也可以用于书面语。例如:

③即使条件再好,也要靠自己努力。

④即使你说错了,也不要紧。

別乱点鸳鸯谱——汉语关联词的准确搭配

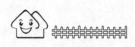

⑤"谷贱伤农"也未必然,谷即使不贱,在帝国主义和封建主义的双重压迫下,农也得伤。(叶圣陶《多收了三五斗》)

10."尽管……还是……"与"不管……总是……"

前者表示转折关系,"尽管"所带的分句须表明实际存在的情况,有时用指示代词代替具体情况;后者表示条件关系(排斥一切条件,也是一种条件),"不管"所带的分句须表明应当排斥的条件,有时用疑问代词加以概括。例如:

①不管天气发生怎样的变化,他总是坚持户外长跑运动。

②尽管天气这样热,他还是坚持户外长跑运动。

③他上了地畔,尽管满肚子火气,还是按老习惯称呼这个比他大十几岁的同村人:"高大哥,你先歇一歇,我有话要对你说。"(路遥《人生》)

④大自然不管人世间的喜怒哀乐,总是按它自己的规律循序渐进地变换着一年四季。(路遥《平凡的世界》)

第五章

关联词中的多面手
——同一关联词的不同作用

戏剧界、影视界的演员,按戏路子来区分,一般可以分为两种:一种是性格演员,即指专门适合演某种人物的,比如有的人特别善于演正面人物,有人专门扮演反面人物等;另一种是多功能演员,可以扮演各种各样的人物,俗话说"戏路子宽"。

关联词语中大部分成员是性格演员,一般只表示一种逻辑关系。但是,也有一部分关联词语,可以表达多种不同的关联作用,我们称它们为"关联词语中的多面手"。例如:

①戏中的主人公,高大而丰满,真实而感人,亲切而可信。

②这里已经春暖花开了,而北方现在还是大雪纷飞呢!

③他的脸慢慢由红而白,仿佛把以前的一切委屈都一下子想起来,全堵在心上。

④各组都取得了良好的成绩,而以第三组的成绩最为突出。

在这几个例子中,例①"而"表示并列关系,例②"而"表示转折关系,例③"而"表示承接关系,例④"而"表示递进关系。

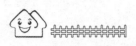

不仅仅是单用的关联词语,就是一些习惯上成对使用的,也会在句中起到不同的关联作用。例如:

⑤或者同意,或者反对,你总得表个态呀!
⑥每天清晨都有许多人在公园里锻炼,或者跑步,或者打拳。

这两个例子中,"或者……或者……"所起的关联作用是不一样的。例⑤"或者……或者……"表示选择关系,例⑥"或者……或者……"表示并列关系。

对于这些逻辑关系复杂的"多功能演员",如果仅仅只停留在横向的记忆层面,那么可能会不太容易理解和掌握,我们有必要对这些关联词语做一个纵向的比较。

一 多种特长集一身——单用关联词表示不同逻辑关系

1. 便

(1)表示承接关系

承接上文,表示后面的事紧接着前面的事发生,多用于书面语。例如:

①马拴戴手表的胳膊扬了扬,给他打了告别,便跨上车子,向川道里的架子车路飞奔而去了。(路遥《人生》)

②迄今为止,我一直认为这是我所听过的最美的纯天然的交响乐呢!雨势来得急也去得快,往往一首乐曲作罢,衣服上便留下了母亲细细密密的针脚。(江南月《天窗》)

③晚餐过后,一家子便进入文字世界的大好时光了。一人读书和一家读书,感受是完全不同的。新买的书,有淡淡墨香,非常好闻,它能把

一瓣瓣心叶都熏得香香的;屋内此起彼落地翻动着书页的声音,宛如天籁。(尤今《追寻书籍的味道》)

（2）表示假设关系

承接上文,说明由上文的假设情况会得出一个什么结论。例如:

④我们现代人读书真是幸福。"古者,著于竹帛谓之书",竹就是竹简,帛就是缣素。书是稀罕而珍贵的东西。一个人若能垂于竹帛,便可以不朽。(梁实秋《漫谈读书》)

⑤如果躲开这些旅游者跑到更远的一些乡村的"当年酒家"里坐一坐,便能够体会到真正的维也纳音乐。(冯骥才《维也纳的灵魂:音乐与花》)

（3）表示条件关系

表示在上文所述条件下,会得出一个什么样的结果。例如:

⑥父亲没吱声,只拿起身边的扫帚,边一层层地扫着楼梯上丢掉的烟头、纸屑、菜叶,边哼起他惯唱的京剧。有人从他身边经过,他便停下来打扫,将身子朝楼梯一侧,又朝来人笑着点一点头,表示让对方先行。(安宁《轻放》)

⑦习惯养成之后,便毫无勉强,临事心平气和,顺理成章。充满良好习惯的生活,才是合乎"自然"的生活。(梁实秋《养成好习惯》)

（4）表示因果关系

表示这个结果是由前面的原因所引出的。例如:

⑧几盏浓茶淡酒,半夕说古道今,便相见恨晚,顿成知己,而所谓知己当然应该关起门来,言人前之不敢言,吐平日之不便吐,越是阴晦隐秘

越是贴心。(余秋雨《关于友情》)

⑨姥姥是小脚,一走一摇,像是扭秧歌。我不愿意和她一起走,便挣开她的手,向前跑。跑累了,再停下来。(迟子建《北极村童话》)

⑩中秋的夜里,我们在院子里盼着月亮,好久却不见出来,便坐回中堂里,放了竹窗帘儿闷着,缠奶奶说故事。(贾平凹《月迹》)

2. 才

(1)表示条件关系

一般用在后续分句,表示在某种特定条件下产生的结果。例如:

①这样不出声地与他较劲,持续了我整个的青春期,直到我后来工作了,彼此离得远,才慢慢地学会对他好。而父亲,也开始用写信的方式,将以前没有对我说的话,一点点地邮给我看。(安宁《父爱无声》)

②我静静地倾听妈妈的描述,才知道我在幼年时曾带给母亲那样的艰难。才知道发生在安西的感动源远流长。突然意识到,在我和最亲的母亲之间,潜伏着无数盲点。(毕淑敏《回家去问妈妈》)

③市声鼎沸,鸟就沉默了,不知到哪里去了。一直等到夜晚,才又听到杜鹃叫,由远叫到近,由近叫到远,一声急似一声,竟是凄绝的哀乐。(梁实秋《悲鸟》)

④他直愣愣地在这个荒沟野地里站了老半天,才难受地回到公路上,继续向县城走去。(路遥《人生》)

(2)表示因果关系

一般用于陈述性因果复句的后一分句,表示由于某种原因,结果怎么样。"才"引出结果并强调原因是唯一的或根本的。例如:

⑤我懊恼极了,蜜蜂定以为我要置它于死地,才使出它的撒手锏。(迟子建《我对黑暗的柔情》)

⑥我半信半疑,心想,莫不是该师傅太热爱他所从事的工作了,才这般体恤手下无生命的衣料。(毕淑敏《疲倦》)

⑦恶劳好逸,人之常情。就因为这是人之常情,人才需要鞭策自己。(梁实秋《勤》)

⑧仿佛蔚然的天融了一块在里面似的,这才这般的鲜润呀!(朱自清《绿》)

3.还

(1)表示并列关系

连接两个或两个以上事物,事物之间没有主次之分,也没有先后之别。例如:

①信客要有一点文化,知道各大码头的情形,还要一副强健的筋骨,背得动重重的行李。(余秋雨《信客》)

②后来,做老师的我常常与他面对面地说些家长里短的话,就看出了他独有的善良来,才知道他做的工作远不止打铃,还承担着学校很多的工作。(张蛰《乡间学校的敲钟人》)

③我曾有缘,在黄昏的江船上仰望过白帝城,顶着浓冽的秋霜登过黄鹤楼,还在一个冬夜摸到了寒山寺。(余秋雨《阳光雪》)

(2)表示承接关系

一般用于后续分句中,强调动作行为继续存在或者继续进行。例如:

④大自然是崇高,卓越而美的。它煞费心机,创造世界。它创造了人间,还安排了一处胜境。(徐迟《黄山

黄山风光

别乱点鸳鸯谱——汉语关联词的准确搭配

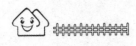

记》)

⑤母亲把花生做成好几样食品,还吩咐这节期要在园里底茅亭举行。(许地山《落花生》)

(3)表示递进关系
表示范围的扩大或程度的加深。例如:

⑥所以在我最不可一世也需要父亲来安慰的时候,我选择了与他一样的"失语"。我带着男孩子到家里来玩,将电视开得震天响,还关起门来在书房里疯狂地跳舞。那些没有礼貌的男孩子都会觉得抱歉,怕吵得父亲无法休息。(安宁《父爱无声》)

⑦因为我们是在中国出生、生长、念完了中学、大学,还拿到了一个硕士学位之后才到美国去的。(杨振宁《世纪之交的科学随想》)

(4)表示转折关系
用于后续分句,引出与上文情况相反或不一致的意思,相当于"却"。例如:

⑧这么大了,还不懂事!(熊诚《"芙蓉"日记》)
⑨过了一阵,她坐到炕沿上,用袄襟擦着眼睛,说:"你受了这么重的伤,还惦念我们,还怕我们受扰害。"(杜鹏程《保卫延安》)

4.又
(1)表示并列关系
表示同一事物的几个动作、特点、性质、情况同时存在。例如:

①我们都高兴起来,又都屏气儿不出,生怕那是个尘影儿变的,会一

口气吹跑呢。(贾平凹《月迹》)

②其实,归结上文,问题恰恰在于人类给友情加添了太多别的东西,加添了太多的义务,加添了太多的杂质,又加添了太多因亲密而带来的阴影。(余秋雨《关于友情》)

③小时候,我才从秦岭来到渭北大平原,最喜欢骑上自行车在路上无拘无束地奔驰。庄稼收割了,又没有多少行人,空旷的原野上稀落着一些树丛和矮矮的屋。(贾平凹《地平线》)

④说心里话,他很愿意和亚萍生活在一起。他们性格中共同的东西很多,话也能说到一块。但他知道再很难像学生时期那样交往了。他们都已经成了干部,又都到了一个惹人注目的年龄。(路遥《人生》)

(2)表示承接关系

表示同一动作、情况或类似动作、情况的重复、相继或反复交替出现。例如:

⑤那是苏北乡间最普通的一所学校。我在那里度过了六年的中学时光,又在那里度过了最初六年的教书生涯,我人生最青涩也最灿烂的时光都交给了那所非常宁静的乡间学校。(张蛰《乡间学校的敲钟人》)

⑥母亲的衣裤没一处干的地方,浑身是汗渍泥水。母亲跪在田里插完一行,又插一行。我含着泪水冲到田里,喊着:妈,您不该这样拼命!(刘益善《田野上的白发》)

⑦1975年的9月,他毕业了。离开校门时,他依旧提着那只破绿皮箱,又走向了另一个陌生的地方。(贾平凹《我的大学》)

(3)表示递进关系

表示进一步补充说明前一层意思。例如:

⑧朋友说,要有正式的慈善机构来负责这些事务。它要接受各方面

的监督,来有来路,去有去向,一清二白才能把好钢使在刀刃上,又省了普通民众的甄别之难。(毕淑敏《坦然走过乞丐》)

⑨它从石洞里流出来,又一滴滴渗进石缝里去,把石块碾成粉末变成泥土。(张抗抗《地下森林断想》)

5.也

(1)表示并列关系

连接词、词组和分句,表示前后所说的几件事或几种情况有相同之处。例如:

①在南京,不存在纯粹学术性参观,也不存在可以舍弃历史的游玩。(余秋雨《五城记》)

②出凉州、经张掖、过酒泉,漫漫长途,古城的绿洲与绿洲之间,没有河,没有泉,也没有井。(张抗抗《海市》)

③我们可以恭恭敬敬旁听孔门弟子追述夫子遗言,也不妨淘气地笑问"言必称亦曰仁义而已矣的孟夫子",他如果生在我们同一个时代,会不会是一位马列主义老先生呀?(杨绛《读书苦乐》)

④自从离开四川以后,不再容易看见那样多类型的鸟的跳荡,也不再容易听到那样悦耳的鸟鸣。(梁实秋《悲鸟》)

⑤我从小好静不好动,也不善于交往,性情似乎更接近女孩子。(周国平《乖孩子的劣迹》)

(2)表示递进关系

表示进一步补充说明。有强调的意味。例如:

⑥如果仅仅为了历史和文化,那么它至多只能成为厚厚著述中的插图。它似乎还要深得多,复杂得多,也神奇得多。(余秋雨《莫高窟》)

⑦我仔细看水田中的空心菜花,花形很像百合,美丽也不输给百合,

并且还有一种非常好闻的香气。（林清玄《空心看世界》）

（3）表示假设关系

一般用于后续分句,表示无论前一部分所说的情况如何,结果或结论都相同。例如:

⑧没有马,累死一只老虎,也翻不来一块地呀!（周立波《暴风骤雨》）

（4）表示因果关系

用在后续分句,引出结果或结论。例如:

⑨天星桥景区不算很大,方圆五点七平方公里,三个半小时就可逛完,基本上是走平地,也不会让你很累。你可以从从容容地看,慢慢悠悠地品。（梁衡《桥那边有个美丽的地方》）

⑩当然,父亲一定会留下用手可以够得到的范围,让前来感染香气的邻居,也可以得到在绿阴中寻一抹清幽的乐趣。（卢玮《玉兰花的记忆》）

6. 则

（1）表示递进关系

连接分句或句子,进一步说明原因或理由。多用于书面语。例如:

①小学毕业后,我以全校第一名的成绩,考上了我们市最好的中学。考上这所中学,便意味着在中考时更有把握进入重点高中,而进入市重点高中,则意味着一脚已跨入大学的门槛。那一年,我们全校只有几个人考入这所中学。

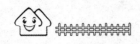

（2）表示假设关系

一般用于后续分句,承接上文的假设情况,引出结论。例如:

②黄山谷说:"人不读书,则尘俗生其间,照镜则面目可憎,对人则语言无味。"细味其言,觉得似有道理。(梁实秋《漫谈读书》)

③在别处蚊子早已肃清的时候,在"雅舍"则格外猖獗,来客偶不留心,则两腿伤处累累隆起如玉蜀黍,但是我仍安之。(梁实秋《雅舍小品》)

④两人对骂,而自己亦有理屈之处,则处于开骂伊始,特宜注意,最好是毅然将自己理屈之处完全承认下来,即使道歉认错均不妨事。先把自己理屈之处轻轻遮掩过去,然后你再重整旗鼓,方可无后顾之忧。(梁实秋《骂人的艺术》)

（3）表示转折关系

一般用于后续分句,引出与前行分句所说的相反的情况。例如:

⑤争取不平凡诚然可敬可佩,然而甘于结结实实的平凡,则更可爱可羡。(刘心武《为你自己高兴》)

⑥一丝苍白的阳光伸出手竭力抚弄着它,它则木然呆立,无动于衷。(张抗抗《牡丹的拒绝》)

7.而

（1）表示并列关系

一般用于后续分句开头,连接意思彼此对等,或者彼此相反的词、短语、分句、句子甚至段落。例如:

①别的故都,把历史浓缩到宫殿;而南京,把历史溶解于自然。(余秋雨《五城记》)

②严峻的现实生活最能教育人,它使高加林此刻减少了一些狂热,而增强了一些自我反省的力量。(路遥《人生》)

有时,"而"用在肯定否定句式中,对比说明一件事,或一件事的两个方面。例如:

③这大体也就是江南小镇的秉性所在了,它的厉害不在于它的排场,而在于充分利用它的便利而悄然自重。(余秋雨《江南小镇》)

江南小镇

（2）表示承接关系

连接顺序相承的词语或句子,表示语意的承接。例如:

④近30年来新成立的科技公司的总资产,已经接近一亿美元,而这个增长速度还在与日俱增。(杨振宁《世纪之交的科学随想》)

（3）表示递进关系

一般用于后续分句,表示后一部分意思更进一层,起进一步说明的作用。例如:

⑤整个景区前半部以山石之奇为主,后半部以水秀之美为主,而渗透在全过程的是绿色的树,绿色的风。(梁衡《桥那边有个美丽的地方》)

⑥倾听,是让人神采倍添的绝好方式。所有的人都渴望被重视,而每一个生命也都不应被忽视。你重视了他人,魅力就降临在你双眸。(毕淑敏《读书使人优美》)

连接意思相反或相对立的词、短语或者分句,表示转折关系。例如:

⑦一般来说,人的天性是习惯于得到,而不习惯于失去的。(周国平《习惯于失去》)

⑧大自然的花季过去了,而居室的花季还在。母亲摆在我书房南窗前的几盆花,有模有样地开着。(迟子建《我对黑暗的柔情》)

⑨在古老的大树下,它只是一株柔弱得不能再柔弱的小草。在这古树面前,就连人类都显得微不足道,而小草却依旧昂然挺立着。(毕淑敏《没有一棵小草自惭形秽》)

（5）表示因果关系

一般用于后续分句,表示由于前面原因而引发的结果。例如:

⑩同里那片富土也由于退思园的存在,而区别于其他江南小镇,被罩上一层冥思苦想的思辨色彩。(张抗抗《梦幻同里》)

8. 就

（1）表示承接关系

承接上文,连接动词、动词性短语以及分句,表示两个动作或事件紧接着发生。例如:

①"嗯。"少安对父亲和妹妹点点头,就转过身一个人向石圪节的后街走去了。(路遥《平凡的世界》)

②我的心呼啦一热。等我买下一束腊梅后,中年妇女就立马起身,背起背篓走人,惹得要买腊梅的顾客直纳闷。(召唤《那一声吆喝》)

③现在她看见井边围着许多人,就好奇地走过来打问出了什么事。(路遥《人生》)

（2）表示假设关系

用于后续分句,承接上文所说的假设,引出结论。例如:

④你骂大人物,就怕他不理你,他一回骂,你就算骂着了。(梁实秋《骂人的艺术》)

⑤地下含有碳酸钙,石灰岩是碳酸钙,碳酸钙遇到水里的碳酸,就成酸性碳酸钙。(叶圣陶《记金华的双龙洞》)

（3）表示条件关系

表示在某种有效的条件下,自然会得到某种结果或结论。例如:

⑥看看大自然如何应对疲倦吧。春天的花开得疲倦的时候,它们就悄然地撤离枝头,放弃了美丽,留下了小小的果实。当风疲倦的时候,它就停止了荡涤,让大地恢复平静。(毕淑敏《疲倦》)

⑦市声鼎沸,鸟就沉默了,不知到哪里去了。一直等到夜晚,才又听到杜鹃叫,由远叫到近,由近叫到远,一声急似一声,竟是凄绝的哀乐。(梁实秋《悲鸟》)

（4）表示因果关系

承接上文,表示在某种原因下,结果或结论自然怎么样。例如:

⑧今天是满月的日子,回到自己的住处时,月亮已经升起来了。微醺的缘故,未及望月,就熄灯睡了。(迟子建《月亮,在半梦半醒之间》)

⑨我突然觉得,我们有了月亮,那无边无际的天空也是我们的了:那月亮不是我们按在天空上的印章吗?大家都觉得满足了,身子也来了困意,就坐在沙滩上,相依相偎地甜甜地睡了一会儿。(贾平凹《月迹》)

⑩她呆呆地坐了一会,感到疲乏地要命,就靠在铺盖上,闭住了眼。(路遥《人生》)

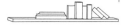

別乱点鸳鸯谱——汉语关联词的准确搭配

9. 于是

（1）表示承接关系

一般位于后续分句的开头，表示前后两件事密切联系，后面一件事紧接着前面的事出现。例如：

①乌云被太阳照得受不了，越缩越紧，于是挤下了雨。（高风《金黄的大斗笠》）

②2003 年，园艺家们别出心裁，还在公园东北角临街的一块高地上，用白玫瑰和冬青搭起一架芬芳的三角琴。于是，维也纳的灵魂：音乐与花，全叫它表达出来了。（冯骥才《维也纳的灵魂：音乐与花》）

③这时，一轮喷薄的红日，已从林中冉冉升起，把千般光彩，万般抚爱，一齐洒向高山谷地，于是，这碧绿的山野，又换上了一件更为色彩缤纷的衣裙，显得越发地光彩照人。（刘芳《坝上采蘑》）

④在万般焦急中，他又想起了柳林镇的老拜识，于是又写信求他帮忙。（路遥《平凡的世界》）

（2）因果关系

一般用于后续分句，紧承前因，引出相应的结果。例如：

⑤从此，这间屋子和我的眼睛一起明亮。窗外是茅舍、田野，不远处便是连绵的群山。于是，童年的岁月便是无穷无尽的对山的遐想。（余秋雨《老屋窗口》）

⑥看到医院拒收付不起昂贵医疗费的穷人，任凭危急病人死去，看到每天发生的许多凶杀案，往往为了很少的一点钱或一个很小的缘由夺走一条命，我为人心的冷漠感到震惊，于是我怀念善良。（周国平《善良丰富高贵》）

⑦一张汇款单为啥会引起将门之子的苦恼，这里面肯定有文章！于是，我更是毫不犹豫地乘车前往。（李存葆《高山下的花环》）

10. 以至于(以至)

(1)表示递进关系

表示时间、数量、范围、程度等方面的延伸和发展,有更进一层的意思,常位于几个并列成分的最后一项之前。例如:

①女人最像小孩,她能为了一个滑稽的姿态而笑得前仰后合,肚皮痛,淌眼泪,以至于翻筋斗。(梁实秋《女人》)

②说实话,正是弟弟妹妹有了出息,才使他对生活更有了信心,以至激发起更大的雄心和魄力。(路遥《平凡的世界》)

③少读如果彻底,必能养成深思熟虑的习惯,涵泳优游,以至于变化气质。(朱光潜《谈读书》)

(2)表示因果关系

一般用于后续分句句首,引出由于前面所说的动作行为或情况程度很深而导致的结果。例如:

④孔子晚年读《易》,韦编三绝,用韧皮贯联竹简,翻来翻去以至于韧皮都断了,那时候读书多么吃力!(梁实秋《漫谈读书》)

⑤好像文学有一种魔力,把我们拉到另一个幻想的世界,以至我完全忘记了自己在什么地方。(张抗抗《夏》)

⑥铺子和铺子是那样的挤密,以至一家煮狗肉,满街闻香气。(古华《芙蓉镇》)

二 各种能力齐展示——对用关联词
表示不同的关联作用

1. 或……或……

(1)表示并列关系

表示两种或两种以上的情况同时存在。多用于书面语。例如：

①被雪浪拍击的山峰,或被吞没,或露顶巅,沉浮其中。(徐迟《黄山记》)

②等待的人,或多或少总有些烦躁,或大声地对着手机嚷嚷;或三五成群地聚在一起讨论,穿插着好多的抱怨;也有带着孩子来接人的,小孩子就满大厅瞎跑,又制造出各种嘈杂的声音。(杨晨《不一样的幸福》)

③入夜则鼠子瞰灯,才一合眼,鼠子便自由行动,或搬核桃在地板上顺坡而下,或吸灯油而推翻烛台,或攀援而上帐顶,或在门框桌脚上磨牙,使得人不得安枕。(梁实秋《雅舍小品》)

（2）表示选择关系

用在陈述句中,连接两种或多种无定的选择情况。例如：

④一个时候,只能骂一个人,或一种人,或一派人。绝不宜多树敌。所以骂人的时候,万勿连累旁人,即使必须牵扯多人,你也要表示好意,否则回骂之声纷至沓来,使你无从应付。(梁实秋《骂人的艺术》)

⑤陶渊明好读书。如果他生于当今之世,要去考大学,或考研究院,或考什么"托福儿",难免会有些困难吧?我只愁他政治经济学不能及格呢,这还不是因为他"不求甚解"。(杨绛《读书苦乐》)

2. 或者……或者……

（1）表示并列关系

表示两种或两种以上的情况同时存在。例如：

①年长日久,新的洞窟也一一挖出来了。上至王公,下至平民,或者独筑,或者合资,把自己的信仰与祝祈,全向这座陡坡凿进。(余秋雨《莫高窟》)

②中国传统思想历来有分割两界的习惯功能。一个混沌的人世间，利刃一划，或者成为圣、贤、忠、善、德、仁，或者成为奸、恶、邪、丑、逆、凶，前者举入天府，后者沦于地狱。（余秋雨《西湖梦》）

（2）表示选择关系

表示在两个不确定的选项中任选其一。例如：

③在他之前必定已有许多个，只是或者半路折回，或者中途遇险，没有走完三峡的全程而已。（刘征《过万重山漫想》）

④或者是重峦叠嶂，或者是几座小山配合着竹子花木，全在乎设计者和匠师们生平多阅历，胸中有沟壑，才能使游览者攀登的时候忘却苏州城市，只觉身在山水间。（叶圣陶《苏州园林》）

苏州园林

3. 一……就（便）……

（1）表示承接关系

"一"表示事情发生在不久之前，"就（便）"强调后一动作或情况紧接着前一动作或情况而发生。例如：

①我站在门口，看父亲脸上淡然的微笑，便说，你可真是光明使者呢，你一来，这灯就好了。（安宁《轻放》）

②有些人大概是口部筋肉特别发达，一开口，便不能自休，绝不容许

别人插嘴,话如连珠,音容并茂。(梁实秋《谈话的艺术》)

③一到白帝城,便振一振精神,准备着一次生命对自然的强烈冲撞。(余秋雨《三峡》)

④天星桥的水是为石而生的。一入景区,脚下就是水,水里倒映着各色的山石。(梁衡《桥那边有个美丽的地方》)

⑤如果中午不在山上吃饭,他回家吃完饭,碗一撂,就到自留地去了。他要利用中午别人睡觉的时间来营务自己的庄稼。(路遥《平凡的世界》)

(2)表示条件关系

"一"用在前行分句,表示某一短暂性动作,"就(便)"放在后续分句,表示随着这个动作产生的结果。例如:

⑥树的寿命是如此的长久,居然看到过久远朝代的事情。在我们死后很多年,这棵古树还会枝叶繁茂地生长着。一想到这一点,无边的嫉妒就转成深深的自卑。(毕淑敏《没有一棵小草自惭形秽》)

⑦父亲说:"兰草是空谷的幽物,得的是天地自然的灵气,长的是野山水畔的趣姿:一栽培了,便成了玩赏的盆景。"(贾平凹《访兰》)

第六章

<h1 style="text-align:center">关联词误用诊疗室</h1>
——常见关联词误用简析

关联词语多用于复句，是复句的重要组成部分。它既可以清晰地反映一个复句中两个（或两个以上）单句之间的逻辑关系，也可以使整个句子的语意表达得更有条理。

一般地说，不同的复句有不同的关联词语，不会混淆。但是，在充分理解分句间固有的逻辑关系以及关联词语原有的表意作用之前，还是会因误用、漏用、滥用关联词语或关联词语搭配不当而造成病句。例如：

①＊不仅中药疗效好，而且价格低廉，无副作用。

②＊贪图小利的人往往只看到自己的小圈子，打自己的小算盘，进而忽视了集体和国家的利益。

③＊为学生减负，不只是学校单方面的事，而是整个社会的事。

④＊新加坡的竹节虫不仅体色几乎和竹子一样，体形在安静时完全像一根树枝。

例①关联词语位置不当，前后分句的叙述对象都是"中药"，"不仅"应放在"中药"后。例②关联词语错用，"进而"表示继续向前，进一步的

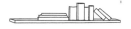

意思,不能表示目的和结果。而此句的后一分句"忽视了集体和国家的利益"是前一分句"贪图小利的人往往只看到自己的小圈子,打自己的小算盘"的结果,不是在前一分句基础上的进一步行动。这个句子应该用"从而",引出目的或结果。例③关联词语搭配不当,"而是"表并列关系,"不只是"只能与"而且是"搭配,表递进关系。例④关联词语漏用,分句间是递进关系,前面已用"不仅",而后一分句缺少与之呼应的"而且",应在"体形"前加"而且"。

从以上例子我们可以看出,在语言的使用过程中,与关联词语有关的语病很常见,而且具有一定的规律性,我们有必要对此进行一次"会诊",找出关联词语语病出现的规律,以便学习者能准确地找出语病的症结,从而做出正确的判断或修改。

一　乱点鸳鸯谱——关联词搭配不当

《乔太守乱点鸳鸯谱》是一部著名的古代文学作品,出自冯梦龙《醒世恒言》第八卷。故事讲述了三对恋人阴错阳差错配姻缘,几家人互指对方骗婚闹上公堂,乔太守审理案件时将错就错,乱点鸳鸯,将三对夫妻相互错配,令三对鸳鸯各得其所,皆大欢喜。现在"乔太守乱点鸳鸯谱"作为俗语比喻做事糊涂、胡乱指挥、胡乱搭配等。

在关联词语的使用上,"乱点鸳鸯谱"是不允许的。一般来讲,关联词语有相对固定的配对形式,如果忽略了关联词语搭配的相对稳定性,就容易出现关联词语搭配不当的语病。例如:

《醒世恒言》书影

①＊一个领导干部,只有关心群众冷暖,热心为人民办实事,就能得

到群众的拥护和爱戴。

"只有"和"才"搭配，表示必要条件关系；"只要"一类的连词和"就"搭配，表示充分条件关系。这个句子前后分句之间是必要条件关系，应该把"就"改成"才"。

②＊无论干部和群众，毫无例外，都必须遵守社会主义法制。

"无论"是一个表示条件关系的关联词语，表示不受任何条件限制，后面一般接"谁"、"怎么"、"什么"等表疑问或选择的词语，表示在任何条件下，接下来所说的那个结果都不会改变。所以，这个句子中，"和"换成"还是"才能与"无论"搭配。

③＊科学之宫这道高门槛非但不能使他望而却步，却激起他以更顽强的毅力，更炽热的感情，孜孜不倦地学习追求。

"非但不"一般和"反而"搭配，构成"非但不……反而……"格式。"非但不"用于前行分句，从否定方面说起；"反而"用在后续分句，表示跟前文意思相反或者出乎预料和常情，把意思推进一层，引出肯定方面的意思，表示的是一种"先否定再肯定"的递进关系。所以这个句子中，应该把"却"改为"反而"才符合句意。

④＊为了身体不好，所以我昨天没来上课。

"身体不好"是"没来上课"的原因，而不是目的，因此，这里应该把表示目的的"为了"改成表示原因的"因为"，这样才能与后面的"所以"搭配。

别乱点鸳鸯谱——汉语关联词的准确搭配

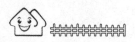

⑤＊不管气候条件和地理环境都极端不利,登山队员还是克服了困难,胜利攀登到了顶峰。

"尽管"跟"虽然"意思相同,是一个表示转折关系的关联词语,可以和"还是"等词语搭配。"尽管"用在前行分句,引出某种事实;"还是"用于后续分句,提出跟前行分句相反或相对的事实。表示所说的动作或状态不因前行分句所说的情况而改变。这个句子中,应该把"不管"改为"尽管"才符合句意。

⑥＊培养一代新风,不只是学校的事,而是整个社会的事,必须动员社会各方面的力量。

"不只是"和"而是"不是对用的关联词语,不能搭配使用,根据句意,分句间为递进关系,所以应将"而是"改为"而且是"。

⑦＊社会主义的国有企业,既要讲究经济效益,但要讲究社会效益。

"但"是表示转折的关联词语,这个句子前后分句表示的是并列关系,而非转折关系。所以应把"但"改为"又","既"和"又"搭配构成"既……又……"格式,表示某一事物同时发生两个动作、处于两种状态或具有两种属性。

⑧＊搞科学研究,不但要有丰富的材料,况且要有正确的观点。

"况且"和"而且"都是用来表示递进关系的关联词语,"而且"多用来表示一般的递进,常常和"不但"连用;"况且"只能用来表示进一步申述理由,一般单用。所以这个句子应把"况且"改为"而且"。

⑨＊攻克技术难关,肯定会遇到很多困难,我们不仅不能灰心、气馁、退却,而是应该迎着困难上,想方设法克服困难。

"而是"常常和"不是"连用,表示并列关系;"不仅"常常与"而且"对用,表示递进关系。这个例子前后分句表达的是递进的逻辑关系,所以应把"而是"改为"而且"才符合句意。

⑩＊每逢进城,到吃饭时,宁肯多赶几条街,还要去喝碗小米粥。

"宁肯"常常和"也(也要)"搭配,表示选择已定的选择关系。"宁肯"一般不会跟"还"搭配。而且从前后分句的逻辑关系来判断,前后分句表示的是一种选择已定的选择关系。所以应把"还"改成"也"才符合句意。

二 过犹不及——关联词滥用和漏用

我国古代著名教育家孔子说过一句名言:"过犹不及。"

这句名言出自《论语·先进》:"子贡问:'师与商也孰贤?'子曰:'师也过,商也不及。'曰:'然则师愈与?'子曰:'过犹不及。'"

原来在孔子看来,子张常常超过周礼的要求,子夏则常常达不到周礼的要求。孔老夫子认为"过"和"不及"一样都是不好的。

"过犹不及"后来固定为成语,形容事情办得过头,就跟做得不够一样,都是不好的。

在关联词语的使用过程中,同样存在"滥用"(过)和"漏用"(不及)的问题。

1. 关联词语的滥用

滥用,是指不必要使用关联词语时却使用了,或者语义相同的关联词语重复出现。滥用关联词语,会使句子显得啰嗦生硬,甚至不能准确

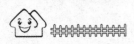

表达语意。例如：

①＊晚会上，广播艺术团的演员满腔热情地歌颂了辛勤劳动的环卫工人，他们的节目，无论从创作到演出，都受到群众的称赞。

例①中，"从创作到演出"的意思是"无论创作还是演出"，这样之前的"无论"就纯属多余了。

②＊参加这次探险活动前他已写下遗嘱，万一若在探险中遇到不测，四个子女都能从他的巨额遗产中按月领取固定数额的生活费。

例②中，"万一"表示可能性极小的假设，与"若"重复。

③＊一个人之所以会变化的原因，除了受到坏的影响外，与自身缺乏抵抗坏的影响的能力也是分不开的。

例③中，"之所以"是一个表示因果关系的关联词语，可以单用，也常常和"是因为"、"是由于"等对用，本身已含"原因"的意思，与后面的"原因"语意重复。应把后面的"原因"删掉。

④＊有的同学由于对语文不感兴趣，因而对数学很喜欢。

例④中，"由于……因而……"是一对表示因果关系的关联词语，但这个句子前后分句之间没有必然的因果联系，"由于"和"因而"是多余的，所以这对关联词语应删去。

⑤＊为了上好这堂课，以便提高教学质量，邵老师精心准备了教学课件。

例⑤中，"为了"、"以便"都是表示目的关系的关联词语，常常是单用，不能重复出现在同一个复句中。它们一般都用在偏句，说明正句所表示行为的目的。用"为了"时，往往是偏句在前，用"以便"时，常常是偏句在后。因此，这个句子应删掉"以便"。

⑥＊因为这个戏直接触及了当前社会生活中的尖锐矛盾，因此很自然地引起了人们的深思和各方面的强烈反映。

例⑥中，"因此"兼有"因为……所以……"的意思，同前一分句的"因为"重复，属于滥用。修改时，可改"因此"为"所以"或保留"因此"，去掉"因为"。

2. 关联词语的漏用

漏用，是指该用关联词语的时候而没有使用。如果缺少了必要的关联词语，分句间意义关系就可能表达不清，语意也会不明确。例如：

①＊由于《古文观止》具有特色，自问世以后近三百年来，广为传布，经久不衰，至今仍不失为一本有价值的选本。

"由于"是一个表示因果关系的关联词语，常常与"所以"相配构成"由于……所以……"格式，例①中，"由于"后面的分句中缺少表结果的照应关联词语，应在"至今"前加上"所以"。

②＊李伯伯不是马上把笔给我，先讲了一番这笔的经历。

"不是"常常和"而是"对用，构成"不是……而是……"格式，表示并列关系，缺一不可。例②中，前后分句之间是并列关系，所以应在"先"前加上"而是"，这样整个句子的结构才完整。

③＊尽管考前准备得不够充分,小华心里没有把握,在考场上非常紧张,他考的结果让人觉得差强人意。

例③"考前准备得不够充分,小华心里没有把握,在考场上非常紧张"与"考的结果让人觉得差强人意"之间表示转折的关系,"尽管"是表示让步的关联词语,如果要表达转折关系的话,后边常常要有表示转折的关联词和它呼应。所以这个句子在修改的时候,可以在"考的结果让人觉得差强人意"前加"但是"。

④＊开短会,集体办公,一件事情老是议过来,议过去,也不得了。

例④缺少必要的关联词语,所以逻辑关系混乱。根据分句之间的逻辑关系,可以修改为:"即使开短会,集体办公,如果一件事情老是议过来,议过去,那也不得了。"

⑤＊只要想想先烈的英勇献身的事迹,我们面前的困难不在话下。

例⑤后续分句"不"字前应该加"就",才能与前行分句的"只要"相呼应,构成条件关系。

⑥＊虽然我们的工作还赶不上先进单位,我们要尽自己的最大努力干出好成绩来。

"虽然"是一个表示转折关系的关联词语,用于前行分句,位于句首时,常常在后续分句要有"但是"与之呼应,构成转折关系。例⑥中,应在"我们"前加"但是"。

⑦＊一个人犯错误有时是难免的,不要重犯过去的错误,不要明知

故犯。

例⑦是个二重复句,第一与第二、三分句为第一层,是转折关系,第二与第三分句为第二层,是递进关系,因为缺少必要的关联词语导致结构关系混乱。因此必须在第二分句句首加上"但是",第三分句句首添上"更"。

三　张冠李戴——关联词的误用

"张冠李戴"是一个大家都耳熟能详的成语,它的意思是把姓张的帽子戴到姓李的头上,比喻认错了对象,弄错了事实。

在关联词语的使用过程中,常常也容易在本该用关联词语甲的时候,用了关联词语乙,犯了类似"张冠李戴"的错误,我们把这种错误称之为"关联词语误用"。例如:

①＊我们在各项工作中,首先要有埋头苦干的精神,然后要有科学分析的头脑,发扬巧干精神。

例①中,前行分句"首先要有埋头苦干的精神"与后续分句"然后要有科学分析的头脑,发扬巧干精神"之间是并列关系,而不是一前一后的承接关系。因此,应该将"首先……然后……"改为"既……又……"。

②＊你是三好学生,何况又是语文课代表,这份语文试卷一定不成问题吧!

"何况"表示甲这样,乙更是这样,常常通过对比,使意思更进一层,例②后续分句"又是语文课代表"为前行分句"是三好学生"追加或补充

一层新的理由,所以这句不宜用"何况",应该用表示在举出理由之外,再追加或补充一层新的理由的"况且"。

③＊达尔文注意到任何种类的生物不仅跟亲体相似,而且有些差异。

"不仅……而且……"是表递进关系的关联词,而此句中的"相似"和"差异"意思相反,不表递进,故不可用此组关联语。据语意,"不仅……而且……"应改为表并列关系的"既……又……"。

达尔文

④＊由于改编者没有很好地理解原作的精髓,任凭主观想象,加入了许多不恰当的情节,反而大大地减弱了原作的思想性。

"反而"表示以某种行为或状况为前提,通常应产生某种结果,但实际产生了相反的结果。句中"改编者没有很好地理解原作的精髓,任凭主观想象,加入了许多不恰当的情节",其结果必然是"大大减弱了原作的思想性",所以这两者之间不存在"相反"的结果,应将"反而"改为"所以"或"以致"。

⑤＊他演奏时,全神贯注,充满了艺术激情,但又严谨细致,一丝不苟。

"但"表示前后分句之间具有转折关系,例⑤在肯定前行分句的同时,又肯定后续分句,因此不宜用表示转折关系的"但",而应该用表示并列关系的"同时"。

⑥＊为了那次的一点小误会,她俩直到现在还是见面不说话。

"为了"是一个表示目的关系的关联词语,例⑥前行分句"那次的一点小误会"和后续分句"她俩直到现在还是见面不说话"是原因和结果的关系,所以不宜用"为了",可以把"为了"改为"因为"。

⑦＊下工时,老师一面摇下工铃,同学们一面还在加速地锯呀锯呀。

"一面……一面……"是一个表示并列关系的关联词语,例⑦前行分句"老师摇下工铃"和后续分句"同学们还在加速地锯呀锯呀"逻辑上是一种转折关系。所以不宜用"一面……一面……"格式,这个句子可以改为:"下工时,老师虽然摇了下工铃,但是同学们还在加速地锯呀锯呀。"

四 上错花轿嫁错郎——关联词的错位

在封建社会的中国,上花轿对于一个姑娘家来说,是很重要,也很神圣的一件事。"上错花轿嫁错郎"这个俗语用来形容阴差阳错而导致的错位事件。

在关联词语的使用过程中,也存在错位现象,从而导致句子表达不顺畅,意思不清楚。例如:

①＊过去,内地产品的质量不是比沿海低,就是成本比沿海的高。

关联词语处于什么位置,一般是有一定规律的。一般来讲,前后分句主语一致时,关联词语放在主语后,前后分句主语不一致时,关联词语放在主语前。例①中,前一分句是说质量,后一分句是说成本,陈述对象不同,所以"不是"应放在"质量"前,并去掉"质量"前的"的"。

别乱点鸳鸯谱——汉语关联词的准确搭配

②＊有些炎症,西药能治,中药照样能治。不仅中药能与一般抗菌素媲美,而且副作用小,成本也较低。

在复句"不仅中药能与一般抗菌素媲美,而且副作用小,成本也较低"中,因为"中药"是整个复句的主语,所以,关联词语"不仅"就不能放在主语"中药"之前,而应放在"中药"之后了。

③＊全国各级政府的领导如果都愿意作伯乐,那么国内的千里马就很可能是万千成群了。

在例③中,前后分句主语不同,那么,关联词语"如果"应该放在前行分句主语"全国各级政府的领导"之前。

④＊虽然她缺乏对顾客的热诚,却有一套对付顾客批评的本事。

例④中,前后两个分句的主语是相同的,施事者都是"她",因此,应将"虽然"移至"她"之后。

⑤＊他们不但完成了任务,而且我们也完成了任务。

例⑤中,前后分句的两个主语分别是"他们"和"我们",主语不同,施事者不是同一个人。所以,应将"不但"移至"他们"之前。

成果测评

从以下备选关联词语中选出合适的关联词填在横线上：

1. _____明天刮台风,我们_____不用上学。

2. _____多么困难,我们_____不会放弃的。

3. _____牺牲,他_____要去救全村人命。

4. _____他整天玩游戏,_____他的学习成绩很糟糕。

5. 他_____唱歌,_____跳舞。

6. _____他今天生病了,_____他还要坚持上学。

7. 他_____学习成绩好,_____还爱劳动。

8. _____你不答应,那_____算了。

9 _____明天下雨,我们_____不去踢球了。

10. _____他很聪明,_____他没把聪明用到学习上。

11. 如果_____你不小心的话,那_____你故意为之。

12. 作物_____能生长,_____土壤里含有水分和养料。

13. _____大家都过穷日子,_____让一部分人先富起来。

14. 树木_____能绿化环境,_____能制造出新鲜空气。

15. _____我们共同努力,比赛_____能获得最后的胜利。

备选关联词：

尽管……可是	如果……就	虽然……但是	无论……都
不是……就是	即使……也	因为……所以	只有……才

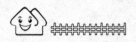

之所以……是因为　　与其……还不如　　一边……一边

不但……而且　　既然……就　　假如……就　　既……又

参考答案:

1. 如果……就　　2. 无论……都　　3. 即使……也

4. 因为……所以　　5. 一边……一边　　6. 虽然……但是

7. 不但……而且　　8. 既然……就　　9. 假如……就

10. 尽管……可是　　11. 不是……就是

12. 之所以……是因为　　13. 与其……还不如

14. 既……又　　15. 只有……才

图书在版编目（CIP）数据

别乱点鸳鸯谱:汉语关联词的准确搭配／廖云平

邵沁媛编著. —贵阳: 贵州人民出版社, 2013.9（2021.3 重印）

ISBN 978 – 7 – 221 – 11364 – 1

Ⅰ.①别… Ⅱ.①廖… ②邵… Ⅲ.①汉语 – 关联类

– 词语 – 中小学 – 教学参考资料 Ⅳ.①G634.303

中国版本图书馆 CIP 数据核字（2013）第 201332 号

别乱点鸳鸯谱

——汉语关联词的准确搭配

廖云平　邵沁媛　编著

出版发行	贵州出版集团　贵州人民出版社
地　　址	贵阳市中华北路 289 号
责任编辑	徐　一
封面设计	连伟娟
印　　刷	三河市腾飞印务有限公司
规　　格	850mm×1168mm　1/16
字　　数	130 千字
印　　张	12
版　　次	2014 年 7 月第 1 版
印　　次	2021 年 3 月第 2 次印刷

书　号：ISBN 978 – 7 – 221 – 11364 – 1　定　价:31.00 元

"快乐阅读"书系首批书目

语文知识类

秒杀错别字

点到为止
　　——标点符号的正确使用

当心错读误义
　　——速记多音字

错词清道夫

巧学妙用汉语虚词

别乱点鸳鸯谱
　　——汉语关联词的准确搭配

似是而非惹的祸
　　——常见语病治疗

难乎？不难！
　　——古汉语与现代汉语句法比较

作文知识类

议论文三步上篮

说明文一传到位

快速格式化
　　——常见文体范例

数学知识类

情报保护神——密码

来自航海的启发——球面几何

骰子掷出的学问——概率

数据分析的基石——统计

文学导步类

中国诗歌入门寻味

中国戏剧入门寻味

中国小说入门寻味

中国散文入门寻味

中国民间文学入门寻味

文学欣赏类

中国历代诗歌精品秀

中国历代词、曲精品秀

中国历代散文精品秀

语言文化类

趣数汉语"万能"动词

个人修养类

中国名著甲乙丙

世界名著 ABC